ハヤカワ文庫 NF
〈NF543〉

虚妄のAI神話
「シンギュラリティ」を葬り去る

ジャン＝ガブリエル・ガナシア
伊藤直子・他訳

HAYAKAWA NONFICTION

早川書房
8382

LE MYTHE DE LA SINGULARITÉ

Faut-il craindre l'intelligence artificielle?

by

Jean-Gabriel Ganascia

Translated by
Naoko Ito and Others

Published 2019 in Japan by
HAYAKAWA PUBLISHING, INC.
This book is published in Japan by
arrangement with
ÉDITIONS DU SEUIL
through JAPAN UNI AGENCY, INC., TOKYO.

自我の蒸発と集中について
すべてはそこにある

――シャルル・ボードレール「赤裸の心」

目次

第四章　コンピュータは自律できるか？

第八章　偽りの人類愛

原文の脚注は側注として＊で示しました。
訳者による注は文中に小さめの（　）で示しました。

虚妄のＡＩ神話

「シンギュラリティ」を葬り去る

第一章　状況は切迫している（らしい）

声明

　二〇一四年五月一日木曜日、ブラックホールや宇宙の起源、時間に関する研究で名を馳せるイギリスの宇宙物理学者スティーヴン・ホーキング（二〇一八年三月に死去）が、警告を発した。イギリスの新聞《インデペンデント》に掲載された声明文の中で、ホーキングはわれわれに、人工知能（ＡＩ）のもたらす不可逆的結果について警鐘を鳴らしたのである。技術は瞬く間に発展し、すぐに制御不能となって、人類を危機的状況にさらすだろう。だが、今ならまだ止められる。明日ではもう遅いのだ、と。

　そうそうたる顔ぶれの科学者たちもまた、この懸念に同調する。マサチューセッツ工科大学（MIT）の理論物理学教授マックス・テグマークや、カリフォルニア大学バークレー校で人工知能を研究している教授スチュワート・ラッセル[1]、MITの物理学教授でノーベル物理学賞を受賞したフランク・ウィルチェック、彼らもまたホーキングの声明文に署名した。たしかに、人工知能は驚異的な発展を遂げた。グーグルの自動運転車、アップルの音声認識アプリケーション「Siri」、アメリカのクイズ番組「ジェパディ！」で人間に勝ったIBMのコンピュータ「ワトソン」――彼らはこれらに言及した上で、次のように警告を発するのである。コンピュータの機械学習能力は、「ビッグデータ」と呼ばれる大量のデータを供給されることによって、いずれ予測不能なものになる。なぜなら、もはやそれは、人間が書いたプログラムによって動くのではなく、バーチャル図書館やデータ倉庫、あるいは世界中を縦横無尽に走りまわって情報を拾い集め、それらが機械的に収斂（しゅうれん）して築きあげられた知識で動くようになるからだ。このように動作が予測できなくなると、コンピュータの自律性は増大し、結果、コンピュータはわれわれの手をすり抜け、だんだんとわれわれを支配するようになるだろう。その時が、帰還不能点となる。そこを超えると、人類はみな喪失へとつき進む。対策は待ったなしである。無関心ではいられないのだ――。

　どうやらこの声明文は、その少し前にイギリスで公開された、英米合作の超大作映画

「トランセンデンス」に反応したものらしい。この映画は、科学者の研究により機械に意識が宿るという内容だ。しかし先の声明は、サイエンス・フィクションの作り手がメッセージを発するのとはわけが違う。そして、この前にも後にも、科学者からの同じような声明は数多く発表され、その時代の精鋭たちが声を上げてきたのである。二〇一四年一二月、スティーヴン・ホーキングはBBC（英国放送協会）の番組内で、「人工知能は人類を滅ぼす」という先の持論を繰り返した。[2] そして、大成功を収めた実業家、高名な研究者、優れたエンジニア、最も権威ある団体に所属する哲学者らが、ホーキングのあとに続いた。スペースXを創業し、ペイパル、テスラモーターズ、ソーラーシティの共同創業者でもあるイーロン・マスクは、公の場で何回も、人工知能が人間を追いやる危険性について訴えている。[3] 彼にとってはこれこそが、人類の最も危険な実存の危機なのである。[4] そして、ここまでこの問題について沈黙を守ってきた地球上で最も富める男、ビル・ゲイツが、ついに二〇一五年一月二八日、AMA（Ask Me Anything の略。アメリカのソーシャルニュースサイト Reddit の人気カテゴリ。コミュニティを立ち上げたユーザーが他のユーザーからの質問に答える。著名人の参加で知られる）での回答において、人工知能に対する悲観的立場を表明した。[5]

二〇一五年一月、コンピュータに潜む危険について考えようという公開状[6]に対し、驚くほど多くの人工知能研究者らの署名が集まり、スチュワート・ラッセルなど、この分野の最高権威の名前も連なった。公開状は専門家たちを戒める。危険が迫る中で、成果だけにこだわってはならない、人間の真の幸福と社会全体の利益を考えよ、と。いつもは静かでメディアに顔を見せない科学者たちの間でも、人類にとっての人工知能の潜在的な危険性について、明白な懸念が示されるようになった。また、新しい研究の方向性についても、健全であること、チェック体制を整えること、われわれの理解を超えないよう自律装置を制御していくことなどの勧告が生まれた。

これらの声明は、科学者や研究機関、そして、シンクタンクの働きかけにより実現したものだ。シンクタンクは今、将来的に機械が人間に及ぼすリスクについて研究している。たとえば、先の公開状をウェブサイト上で公開した、未来生命研究所[7]。また、前述のイーロン・マスクのような情報技術分野の実業家たちがかなりの金額を出資している、人類の未来研究所[8]。あるいは、最先端人工知能、特に「スーパーインテリジェンス（超知能）」に取り組んでいる、機械知能研究所（MIRI）[9]。人類絶滅の危険性を研究する、ケンブリッジ大学の実存的リスク研究センター[10]。グーグル、シスコ、ノキア、ジェネンテック、オートデスクといった大企業が出資するシンギュラリティ大学[11]。ほかにも、倫理と緊急技術研究所[12]、エクストロピー研究所[13]などの名前が挙げられる。

テクノ預言者

こうした意見の先駆者が、ロボット工学者のハンス・モラヴェックだ。彼は二冊の著書、一九八八年に出版された『電脳生物たち――超AIによる文明の乗っ取り』[14]と一九九八年に出版された『シェーキーの子どもたち――人間の知性を超えるロボット誕生はあるのか』[15]の中で、ロボット工学の進化により、人類は重大な変化を遂げると明言している。サイバネティックス研究者のケヴィン・ワーウィックの研究[16]にも触れておこう。アイザック・アシモフの『われはロボット』に触発されて書かれた『われはサイボーグ』の中で、ワーウィックはすでに一五年以上前から、人間は生き残るために「サイボーグ」あるいは「サイバー生物」という、テクノロジーと生物学の混合物になると訴えている。一九九八年、ワーウィックは、ガラス製のカプセルに入れたシリコンチップを[17]皮膚の下に埋め込んだこと[18]をマスコミに発表し、一躍有名になった。シリコンチップは人体の境界線を越え、彼の身体をだんだんとサイバネティックな有機体に変えていった。彼はそれだけでは飽き足らず、センサーを運動神経につなぎ、次は脳と直接つなげて、遠隔操作で始動装置を動かしてみせると宣言した。だがこの実験は失敗に終わったようだ。

彼らだけではない。ほかにも仲間は大勢いて、たとえば、ヒューゴ・デ・ガリスは、人工知能との融合によって驚異的な知性と新しい精神性を持った「アルティレクト」(人工的な知性 artificial intellect からの造語)が誕生し、それを支持する「コスミスト(宇宙派)」と、なんとしてでも人間の優位性を保持しようとする「テラン(地球派)」が衝突して、殺し合いの世界戦争が勃発すると予想している。[19] また、サン・マイクロシステムズの創業者ビル・ジョイは、二〇〇〇年に「なぜ未来はわれわれを必要としなくなるのか」[20]という論文を発表し、ナノテクノロジーがウイルスのように増殖して地球環境を破壊し、いかなる生命体も存在できなくなると主張して、話題を集めた。

そして、今最も有名なのは、間違いなくレイ・カーツワイルである。一九六五年、早熟な天才は、一七歳にして世にその名を知らしめた。彼はプログラミングで作り上げた曲を、テレビカメラの前で、ピアノで弾いてみせたのだ。[21] その後はMITでトップレベルのエンジニア教育を受けたあと、光学文字認識(OCR)を専攻し、この分野での功績によって数えきれないほどの栄誉に輝くとともに、一九九九年、ビル・クリントン大統領本人から、アメリカ国家技術賞[22]を授与された。その後、彼は民間企業をいくつも設立し、二〇一二年からはグーグルのプロジェクト責任者として働いている。エンジニアとしての活動以外には何年も前から熱心に、含蓄あるタイトルがつけられた著作を多数発表し、デジタル技術、特に人工知能が改良されていくことでどうしても生じてしまう結果があると予言している。[23] カーツワイルによると、われわれはもう間もなくコンピュータに意識をアップロードするようになり、それによって不死を手に入れられるのだという。運命的に、進化の加速の結果としてそうなるというのだ。いわく、生物学的発展、文明の改良、技術の進歩といった、あらゆる種類の進化が従う一般法則があり、それは本質的に指数関数的に加速するということらしい。そうすると、必然的に、急激かつ有益な変化が生じ、それがカーツワイルの計算によると、二〇五〇年、おそらくはもう少し早まって、二〇四五年になるのだという。この運命的な出来事が起こってしまえば、人類は生き残るために、テクノロジーとハイブリッド化されて、ある種の霊魂移入にたどり着くことを余儀なくされる。霊魂移入（métensomatose）とはすなわち、身体（soma）からの移行（méta-）、つまりわれわれの生物学的な基盤から、コンピュータの中に（en-）入ることをいう。霊魂移入とはもともと、死後、輪廻転生によって魂が次の肉体にたどり着くことを意味するが、ここでいう霊魂移入は、脳が生物学的に死んだあとに意識がデジタル世界に移行するという意味になる。この生物学的なハイブリッド化の見返りとして、ひとたび意識がデジタル化されてしまえば、それはどこまでも生きながらえる。つまり、これこそが不老不死だというのだ。

こうした科学者や技術者のかたわらで、哲学者も黙ってはいない。たとえば、物理学を学んだ後に、コンピュータ・ニューロサイエンスの専門家となり、今はオックスフォード大学で哲学の教授を務めるニック・ボストロムは、数多くの著書、特にベストセラーとなった問題作『スーパーインテリジェンス――超絶AIと人類の命運』[24]に予言を記した。内容は、今われわれが経験している技術的変化の結果を予想したものだが、彼はすでにこれらを、自身が設立した諸々の研究所、特に世界トランスヒューマニスト協会[25]（のちのヒューマニティ・プラス）[26]で細大漏らさず語っている。この研究所は、哲学者のデイヴィッド・ピアースとともに設立したものであり、前述の人類の未来研究所同様、オックスフォードの学内で今もピアースとともに運営している。ボストロムは、科学とテクノロジーの進歩を観察することから出発してこう断言する。人間のもうひとつの形であるトランスヒューマンはもう間もなく現われ、現行の限界を超えることのできる新しい能力を持つことで、より進化した人類として存在することになるだろう、と。

もちろん、彼らはすべてにおいて一致しているわけではなく、所属する研究所、団体、大学によって、意見はさまざまに分かれている。たとえば、レイ・カーツワイルやフランスのローラン・アレクサンドル[27]らは、死を遅らせる可能性や、近い将来、テクノロジーがわれわれに不死への道を開いてくれるかもしれない、という考えに情熱を注いでいる。一方、ビル・ジョイやスティーヴン・ホーキングは、変化そのものや、さらには、われわれが知る世界を危険にさらしかねない破壊の可能性について危惧（きぐ）している。あるいは、来たる激変の必然性を確信し、未来を住みよいもの、フレンドリーなものにするため、流れを変えさせようとする人々もいる。たとえば、ニック・ボストロムは、自身も二〇〇四年の立ち上げに貢献した前述の倫理と緊急技術研究所で、[12]民主主義社会における自由と幸福、そして人としての成熟を、テクノロジーによって向上させようと考えている。そのひとつに、試験管内受精における胚の選択がある。[28]ボストロムはこの現代型の優生学を、生きている人間を傷つけることなく人類を改良していけるものとして、好意的に評価している。害も痛みもないうえ、知能の拡大によって確実に人間の幸福度が高まる、そんな手段として今後は認められていくかもしれない、と。

大転換

このように各所からさまざまな意見が出ているが、実はこれらはすべて、ある大きな出来事が起こるという予見と結びついたものである。それは突然、待ったなしで、しかも必ずやってくると言われていて、それが起これば、特に情報技術や人工知能に代表される現代のテクノロジーは、制御不能となるほど発展し、人間社会を大混乱に陥らせるかもしれない。いや、情報技術や人工知能だけではない。生物学とナノテクノロジーも、科学や情報技術と連携して、この天変地異的な進化に加わるのだという。この予見はあまりに強力なので、多くの経験豊かな科学者たちがすでに、人工知能は最良と最悪のすべてを可能にするがゆえに、かかるリスクに速やかに対策をとるか、進化にブレーキをかける、あるいは、進化の流れを変えるべきだと考えている。二〇一五年一月、前述の公開状に、多くの著名な研究者たちが署名したのはこのためだ。だが、中には、この進化が避けられないならば、もう遅すぎるし出来ることは何もない、そう言う者もいるだろう。あるいは、そこまで悲観的でない人々なら、こう答えるのではないか。科学者の役割は、理解を助けること、可能ならば、力を結集し、この進化の流れを変えて、もっとわれわれの望みにかなった社会を築くために尽力することにある——それくらいは知っておかねばならない、と。

たとえ、人類の技術的大転換によって予告されている結果が、驚異的であると同時に不快で、人によってはショッキングなものであり、しかも、これだけは持っていたいと願うであろう人間の理念や、多くの人々が愛着を持つ自由という概念を拒否するものであったとしても、それを主張する者たちの知的・社会的正当性に鑑みれば、それらを吟味もせずに切り捨てることはできない。だからこそ、われわれはここで、まずは彼らが拠り所にする根拠を解明し、それから、それらの意味合いと真実味、倫理や政治との関わりについて、議論することにしよう。中でもわれわれは、それが現実のものとなるまでにあとどれほどの時間が残されているのか、大転換に潜む逆説とその不可思議な展望に着目することになる。

第二章　技術的特異点（シンギュラリティ）

最初のシナリオ

今、科学者たちの間にある考えが広まっている。すなわち、未来の大転換は、未知の天体の地球への衝突、大規模な気候変動、大気汚染、酸性雨、オゾンホール、温室効果によってもたらされるものではない。また、国家と人類の文明を容赦なく消滅させる核戦争によってもたらされるものでもない。それは、ごく自然に、日々確実に数を増やす機械によってもたらされる。こうして普及することで、機械は自らを製造し、成長して、最後はわれわれを飲み込んでしまうのである。それはなんの前触れもなく始まるだろう。すべてが円滑に進み、あと戻りはできない。きっとすぐには理解できないはずだ。事態はだんだんと加速して、ある時突然、暴走が起こる。世界が変わり、人間が変わる。自然も、生活も、意識も、時間さえも、まったくの別物になってしまうのだ——

この変化こそが、技術的特異点と呼ばれるものである。シンギュラリティについては、すでに多くの不安の声が上がっているが、その危険性や重要性について検討する前に、この言葉の起源について概観しておこう。

最初のシナリオはSF小説だった。一九八〇年代に、アメリカのSF作家、ヴァーナー・ヴィンジの小説によって、シンギュラリティという言葉が広く世の中に普及したのである。さらには、一九九三年に発表された「来たるべきシンギュラリティ」というエッセイの中で、シンギュラリティは理論化されることとなった。[29] ヴィンジはこのエッセイの中で以下のような予測をしている。三〇年以内に、情報技術の進歩によって、機械は人知を凌ぐ超越的な知性を獲得するだろう。その結果、自然界における人間の位置づけや序列や自律性は大きく変化することになる。人間は、機械と結合することによって、自らの知性や認識能力（論理、記憶、知覚）や寿命を大幅に増大させるだろう。その時、人間は生命とテクノロジーが融合したサイバネティック生物、いわばサイボーグになる。それによって、情報技術の進歩の驚異的な加速化が引き起こされる。そして、情報技術があまりに拡大しすぎた結果として、知識の生産システムが急激に変容することになり、もはや、人間の理解力では把握できない段階にまで至ってしまうのだ。ヴィンジはこのエッセイにおいて、こうした出来事が、一九九三年から二〇二三年までの三〇年の間に生じるとしている。

ところで、機械が人間の手から自由になり、自律することによって、機械に与えられていた限界を超えて際限なく増加していくということを想像したのは、ヴァーナー・ヴィンジが最初ではなかった。一九六二年、「最初の超知的機械に関する思索」という会議が開催される。[30]この会議には、第二次世界大戦中に数学者アラン・チューリングと共同研究をしたことで有名なイギリスの統計学者、アーヴィング・ジョン・グッドが参加していた。彼はこの会議ですでに「知能爆発」の可能性について論じている。すなわち、「超越的な知能」を獲得した機械が自らの複製を生み出し、自らを改善し、世代を経るにしたがってより知的になることで、知能が爆発的な発展を遂げるというのである。

また、ポーランド人数学者のスタニスワフ・ウラムは、一九五〇年代以降、テクノロジーの進歩が急激に加速したことによって、数学的特異点という大波乱が生じる可能性があると指摘している。一九五六年、大作家アイザック・アシモフは、こうしたウラムの考えに感化されて、自身の最高傑作のひとつ、「最後の質問」という短篇小説を発表した。[31]この小説には地球規模の超巨大コンピュータが登場するのだが、コンピュータは熱力学の第二法則を覆(くつがえ)し、ついにはエントロピーを減少させてしまう。

さて、ヴァーナー・ヴィンジは、ハンガリー出身の数学者ジョン・フォン・ノイマンの考えから多大な影響を受けている。フォン・ノイマンは、機械の性能が急激に上昇することによって、テクノロジーの発展が行きつくかもしれない局面を説明するために、数学的な意味で理解されていた「特異点」という単語を用いた。ただし、フォン・ノイマンは、「人知を凌ぐ超越的な」知性への到達には言及しなかった。ヴィンジは、まさに、そうした技術の到達点こそが、いわゆる技術的特異点(シンギュラリティ)の本質を表わしていると述べている。さらにヴィンジは、この急激に生じた断絶の後、「ポスト特異点」という新しい時代に入ると主張している。その時、人間の時代は終焉を迎え、ポストヒューマンの時代が訪れるのである。そして、人間のうち、機械をその身に備えた者だけが生き残ることができるのだ。

ここで注意しておきたいのは、ヴァーナー・ヴィンジが科学教育を受けており、ＳＦ作家として活動するのと同時に、カリフォルニアのサンディエゴ州立大学において数学と情報処理学の教授でもあったということである。一九六〇年代の半ば頃に書かれた初期の作品は、人工的に増大した知性の限界を題材にしていた。ヴィンジはその後すぐに想像するようになる。機械の演算能力の向上は、驚くほどの処理容量の増加となって現

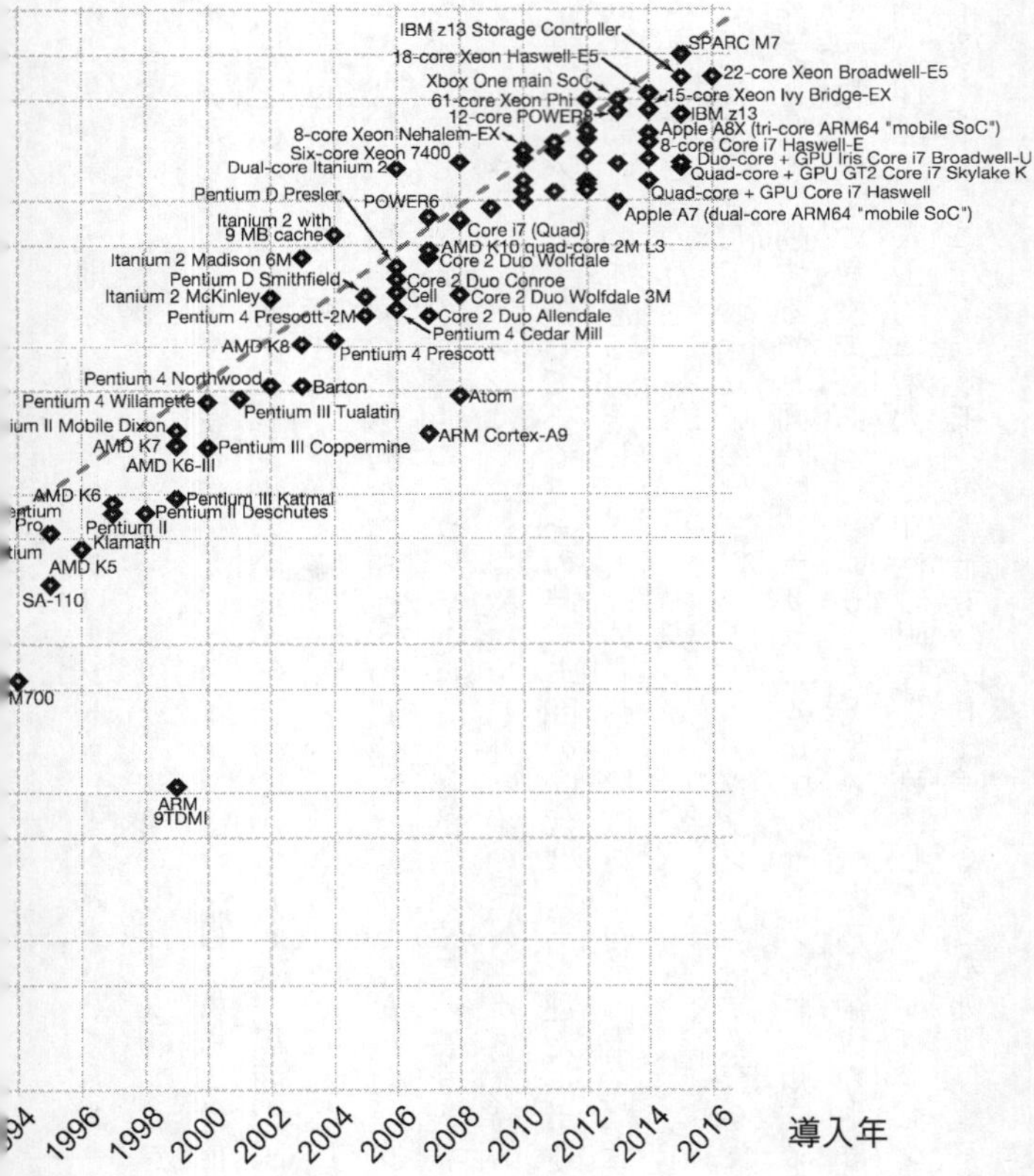
IBM z13 Storage Controller
SPARC M7
18-core Xeon Haswell-E5
22-core Xeon Broadwell-E5
Xbox One main SoC
61-core Xeon Phi
15-core Xeon Ivy Bridge-EX
12-core POWER8
IBM z13
Apple A8X (tri-core ARM64 "mobile SoC")
8-core Xeon Nehalem-EX
8-core Core i7 Haswell-E
Six-core Xeon 7400
Duo-core + GPU Iris Core i7 Broadwell-U
Dual-core Itanium 2
Quad-core + GPU GT2 Core i7 Skylake K
Pentium D Presler
Quad-core + GPU Core i7 Haswell
POWER6
Apple A7 (dual-core ARM64 "mobile SoC")
Itanium 2 with
9 MB cache
Core i7 (Quad)
AMD K10 quad-core 2M L3
Itanium 2 Madison 6M
Core 2 Duo Wolfdale
Pentium D Smithfield
Core 2 Duo Conroe
Itanium 2 McKinley
Cell
Core 2 Duo Wolfdale 3M
Pentium 4 Prescott-2M
Core 2 Duo Allendale
Pentium 4 Cedar Mill
AMD K8
Pentium 4 Prescott
Pentium 4 Northwood
Barton
Pentium 4 Willamette
Atom
Pentium III Tualatin
ium II Mobile Dixon
ARM Cortex-A9
AMD K7
Pentium III Coppermine
AMD K6-III
AMD K6
Pentium III Katmai
entium
Pro
Pentium II Deschutes
Pentium II
Klamath
tium
AMD K5
SA-110
M700
ARM
9TDMI
94
1996
1998
2000
2002
2004
2006
2008
2010
2012
2014
2016
導入年

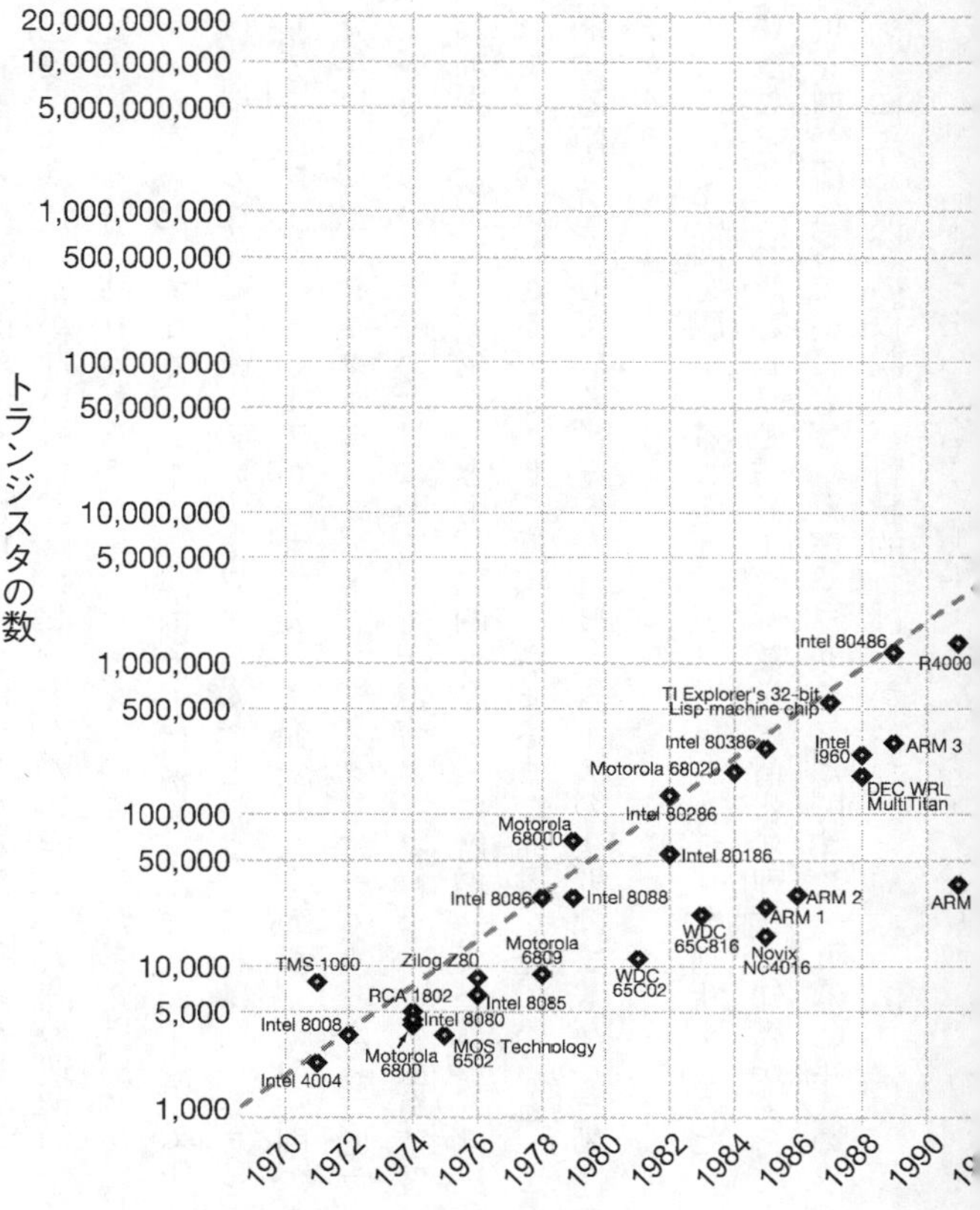

図1　ムーアの法則によれば、マイクロプロセッサのトランジスタ数に応じて計算されたコンピュータの性能は、約2年ごとに倍増する。確かに、数値（グラフ中の点）は、ほぼこの数式（グラフ中の直線）に沿って配置されている。しかしながら、ムーアの法則が近い将来有効性を失うと予測する議論も多く存在している。（図はOurWorldinData.orgより）

われ、さらには性能の飽くなき自己改良につながるだろう。そして、コンピュータの自己改良には終わりがないので、コンピュータの知能が、人間の理解力を超越する水準にまで達する時が訪れるだろう、と。ヴィンジのこうした考えは、ジョン・フォン・ノイマンの直観だけでなく、ムーアの法則にも依拠している（図1）。ムーアの法則によれば、機械の性能は急激な勢いで上昇するのだという。これは、インテルの創設者のひとりであるゴードン・ムーアが一九六五年に発表したものだ。この法則によると、一九五九年以来、マイクロプロセッサのトランジスタ数は一八カ月から二四カ月ごとに倍増していくらしい。実際、今日に至るまで記憶容量とプロセッサの演算速度は急激な勢いで増加を続けている。少なくとも、二四カ月ごとに倍増していることは法則として立証されているのがわかる。しかし、近年のさまざまな兆候を見ていると、この増加速度は停滞する傾向を示している。そうなれば、ムーアの法則はまもなく有効性を失うことになるだろう。[32]

こうして法則を観察することは、シンギュラリティを判断するのに大いに役立つ。ということで、われわれは断言しよう。数学や情報処理学の知識があっても、ムーアの法則を拠り所にしていても、シンギュラリティに関する一九八〇年代のヴァーナー・ヴィンジによる最初の仮説は、科学的ではなかった、と。

SFから科学へ

一九五〇年代から八〇年代のSF小説では、シンギュラリティが頻繁に題材として取りあげられるようになった。しかし、たとえ科学者によって発表された法則や理論を引き合いに出して、シンギュラリティが実際に起こりうることを訴えたところで、SF小説は想像上の創作物にすぎない。ところが今日では、科学者、ロボット工学者、技術者といった人々、さらには哲学者までもがシンギュラリティについて考察したり、あるいは自身の考察の材料としたりするようになってきた。こうして、シンギュラリティはSF小説の題材ではなく、科学的な研究対象へと変化した。

ヴァーナー・ヴィンジ以降、さまざまな人々が、シンギュラリティに到達するまでの将来的なシナリオを描くようになった。例えば、レイ・カーツワイル[33]、ハンス・モラヴェック[34]、ヒューゴ・デ・ガリス[35]、ケヴィン・ワーウィック[36]、ビル・ジョイ[37]といったコンピュータ技術研究者や、ニック・ボストロム[38]やデイヴィッド・ピアースのような哲学者である。当然ながら、これらの人々の見解には相違点がある[39]。つまり、演算能力の絶え間なき加速化の結果として生じるはずの、新たな災いに不安を感じている人々もいれば、一方で、古い人類の消滅と新たな時代に創造される種族の出現を熱烈に待望している人々もいるのだ。

彼らが希望するその最たるもののひとつが、機械に人間の精神を移植したり、人間の肉体に科学技術を施したりすることによって誕生する新しいタイプの種族である。イギリスのレディング大学でサイバネティックスを研究しているケヴィン・ワーウィック教授は、この新しい種族こそが、サイボーグあるいはサイバー生物なのだと述べる。ワーウィックは行動能力を上昇させるために、電子プロセッサを人間の運動神経や脳に直接つなぐことを、二〇年も前から予告してきたのである。前述のニック・ボストロムは、こうした新しいタイプの人間のことを「トランスヒューマン」だとか「ヒューマニティ・プラス」[40]と呼ぶことを力説している。ボストロムは、われわれの集団的能力が増大することにより、われわれが自身を解放できるまたとない機会が訪れると考えている。[41]

シンギュラリティに悲観的な人々の中には、超越的な知性を備えた機械は、すぐに意識を獲得するはずだと断言する者もいる。その結果、こうした機械は自分の意志で行動できるようになり、それどころか、自分のために行動するようになる。そうなれば、機械は自律化して力を獲得し、人間を殺し、進化の過程において人間に取って代わる「ポストヒューマン」になるのではないか、と。あるいは、科学者だと名乗りながら、人間の消滅した世界を描こうとする者もいる。世界中の研究機関を渡り歩き、日本でも研究を行なっていたヒューゴ・デ・ガリスは、近い将来、「アルティレクト」と呼ばれる超越的な知性を備えた人工知能が生み出されると考えている。「アルティレクト」は自己再生し、進化し、外的環境に適応し、人間が不当に得ている特権を廃し、ついには人間を支配するようになる、と。[42]

シンギュラリティが訪れる時期

シンギュラリティはすぐに訪れるだろう。あとは年数の問題だけだ。では、いったいそれはいつなのか。その点については、科学者の間でも一致した見解はない。たとえばビル・ジョイ[43]は、二一世紀の初頭であると述べているが、具体的な年については触れていない。ヴァーナー・ヴィンジは二〇二三年だと予測した。レイ・カーツワイルは、より具体的かつ厳密に、そのもう少しあと、一番早かったとして二〇四五年にシンギュラリティが訪れると予測している。また、この時、機械に意識がアップロードされはじめるとも予測している[44]。この予測に基づいて、アメリカの雑誌《タイム》の二〇一一年二月二一日号では、「二〇四五年――人間が不死になる時[45][46]」という特集が掲載された。また、ロシアの起業家ドミトリー・イスコフの出資によって、「二〇四五年戦略的・社会的イニシアチブ」という財団も創設されている。[47] イスコフは、機械にアップロードされた精神を受け入れるためのアバターを作るつもりだ。その実現の第一段階として、今日、多くの研究所で開発されているブレイン・コンピュータ・インターフェース[48]を通じ、こうしたアバターに命令できるようにしたいと考えている。この計画が進んでいくと、最終的には、意識や人格を伝達する人工体が開発されるようになるだろう。

このように、シナリオの相違に加えて、それが訪れる時期も論争の的となっている。つまり、シンギュラリティの原理そのものを問題にしないで、「待降節」（イエス・キリストの降誕に備える期間）、すなわち、シンギュラリティが訪れる時期の推定が議論の対象となっているのだ。それぞれが、異なる原則に基づいて時期を推定するが、その期限は延長されることが多い。時間が経つにつれて、あまりにも楽観的な見通しは、再検討する必要性が生じてきたのだ。一九九三年の時点で、二〇二三年は三〇年も先のことだった。しかし、二〇一〇年になり、その時期が近づいてくると、レイ・カーツワイルは、改めて、さらに三〇年ほどの時間の猶予を申し出た。ただし、過去の経緯をふまえ、具体的な年を明言することは避けた。まるで、中世の頃に、黙示録（もくしろく）の実現が先延ばしにされたのと同じである。歴史哲学者のラインハルト・コゼレックは、キリスト教的な展望において、キリスト再臨の時をどう表わすべきかについて研究しているが、彼はこんなことを言っている。[49] キリストが再臨すると預言された日付は変更され続けた。中世の人々の期待と恐れが実現される再臨の期日は、絶えず先延ばしにされてきたのである。しかし、再臨の預言が捨て去られることはなかった。なぜなら、預言の遅れは確かに重要なことではあるが、預言が実現することに較べれば、この遅れはとるに足らない些細なことであり、決して重要なことではないと考えられていたのだ、と。したがって、シンギュラリティが訪れる時期の変更も、それを待望している人々にとってはたいして重要な問題ではない。この両者の比較が適切であることを確認するために、ユルゲン・シュミットフーバーの言葉を引用しておこう。シュミットフーバーは、メジャーなIT企業各社、特にグーグルの出資で創設されたシンギュラリティ大学の研究者である。

文明誕生以来、われわれは一万年の時を過ごしてきた。今さら、一部の人工知能の研究者らが楽観的に誇張した予測をしたからといって、悲観する必要はない。あれは、研究費を貪欲に求める彼らの勇み足だ（一九六〇年代には、人工知能を開発するために要する期間を、一〇〇年どころか一〇年と言っていたのだから）[50]。

そもそも「特異点」とは

こうしたすべての理論に共通するのは、テクノロジーの進歩が制御できないほどに加速化していくだろうという予想と、その結果、もう引き返すことができないほどの重要な変化が生じ、この変化に対して、われわれになしうることは何もない、という考え方である。この加速化の到達点を説明するために用いられたのが「シンギュラリティ」である。これは、そもそもは、数学の分野において用いられていた概念だった。とりわけシンギュラリティが依拠しているのは、「特異点の理論」と「カタストロフィー理論」[51]である。この二つの理論は両方とも、切断点、尖点、分岐点のように、図形の形状が突然変化する一点を説明するものである。この理論は、さまざまな研究分野に適用されている。たとえば、幾何光学においては、焦線の研究に用いられ、流体力学においては、台風や竜巻の発生メカニズムを解明するために、熱力学においては、液化や気化といった状態変化を説明するため、地質学においては、ルネ・トムが、折り目、くさび(カスプ)、ツバメの尾、波(双曲的へそ)、毛(楕円的へそ)、チョウ、茸(放物的へそ)などと呼んだ特別な形状を解明するために用いられている。

一九七〇年代、特異点の概念を人文科学、とりわけ言語学や認識論に適用しようと試

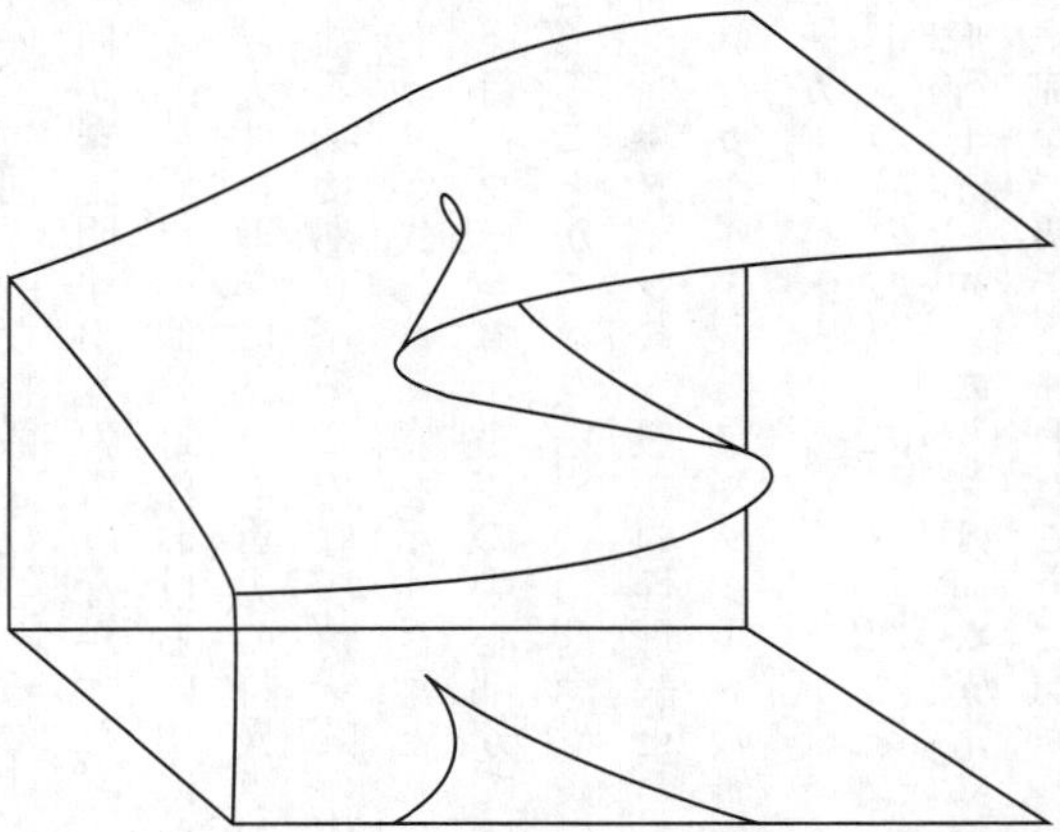

図2　ルネ・トムのカタストロフィー理論は、臨界現象を説明するのに、形態学の分類を利用している。これらの諸形態のひとつは、図に示してあるような「くさび（カスプ）」である。平面への投影図は、明らかにもうひとつのカタストロフィー「尖点」を表わしている。その形状は、曲面が折り畳まれることで生じる。

みた人々がいた。しかし、それは、物体と物体との境界、あるいは、物体とその周囲に存在する境界の、幾何学的な特徴を描写するにすぎなかった。その上、それはただの描写であって、何かを証明するものではなかった。

こうした数学的特異点の他分野における応用において、とりわけ重要だったのは天体物理学である。天体物理学には、「重力の特異点」と呼ばれる概念がある。それは重力が極めて強くなる場であり、そこでは、時空間の構造を示す定式が通用しなくなる。そうした理論の有効性が失われる場を示す言葉として、数学的特異点の概念が用いられたのである。例えば、ブラックホールの中心部分では、光は完全に飲み込まれてしまい、そこから出てくることができない。この観念は長いこと単なる妄想と考えられていた。しかし、アインシュタインの一般相対性理論と、一九一六年以降、ブラックホールの存在を予言していたカール・シュワルツシルトの研究のおかげで、ブラックホールは理論的に正しいことが証明された。

ブラックホールの境界の辺りにいることに気づかず漂っていて、そこに飲み込まれてしまった宇宙飛行士は、初めのうちは何も異常に気がつかない。しかし、重力の特異点という臨界点に完全に吸い込まれたことに気がついた時には、もう決して助からない。

ここで思い出しておきたいのは、一九六〇年代から七〇年代にかけてロジャー・ペンローズとスティーヴン・ホーキングが、まさに数学的特異点に関する諸定理と、重力崩壊の研究を行なったことだ。[52] ホーキングは、現代の人工知能の発達は人類を滅ぼしかねない危険性があるとして深い懸念を示しているが、そうした懸念は、もしかしたらブラックホールの中の宇宙論的特異点から生じたもので、シンギュラリティも同じ危険をはらんでいると言いたいのかもしれない。もしそうだとしたならば、ここ数年間に発せられたシンギュラリティに対する警告の叫びは、宇宙空間を漂う宇宙飛行士と同じような状況にいるわれわれに向けて発せられているのだ。われわれはすでに、技術的なブラックホールのすぐ近くにいるのだろうか。

　しかしながら、たとえ技術的特異点（シンギュラリティ）が、今見てきたような数学的な意味における特異点と同じようなものとして用いられているとしても、言い換えるならば、臨界点を表わすものとして用いられる傾向があるとしても、それは慣例的に使われている特異点とは区別される必要がある。注意すべきは、シンギュラリティはブラックホールのような「空間」に関するものではなく、われわれが生活している「時間」にかかわるものだということだ。つまり、シンギュラリティは本質的に、その境界を乗り越え、そこに陥り、もはや逃げ出すことができなくなった時でなければ観察できないのだ。この奇妙さは、特異点の観念を時間的な広がりに適用することによって生じたものである。幾何学的特異点は個別の物体が存在する三次元空間についての概念だが、それに対し、シンギュラリティは時間という観念を不均質なものへと変える概念だ。この点において、シンギュラリティの発想は、理解することが困難になる。というのは、人間という存在が危機にさらされる新たな時代が到来するという見方によって、われわれの理性的な理解が妨げられる可能性があるからだ。その結果、われわれの知性は無力なものとなりうる。たとえ不連続なふたつの時点の間の時間という概念を理解できると仮定しても、シンギュラリティという断絶点では、時間の概念はわれわれの理解を超える。

こうした曖昧さにもかかわらず、シンギュラリティの観念はますます一般的になってきている。書物、論文、雑誌などによって、シンギュラリティは、人々によく知られるようになってきた。講座などもあって、たとえば、シンギュラリティ大学で二〇〇六年以来毎年開かれている講座では、科学者たちが、シンギュラリティが可能になる条件、そこから生じる変化、それを可能にする方法、問題が起こった場合にはどのように改善するかなどについて意見交換を行なっている。また、オープンにはしていなくても、シンギュラリティを専門とする研究所や研究サークルなども数多く存在している。さらには、ほぼすべての有名IT企業がシンギュラリティに関する研究を支援している。たとえば、すでに触れたように、二〇一二年一二月、グーグルはレイ・カーツワイルをサイエンス・ディレクターとして採用したし、シンギュラリティ大学が創設されて、その出資者のリストには、NASA、グーグル、ノキア、オートデスク、アイディオ、リンクトイン、イープラネット・キャピタルなどが名を連ねている。

二五年以上も前から、技術者や科学者や哲学者といったさまざまな人々が、テクノロジーはいやおうなしに、取り返しがつかなくなるほど人間を変えるという考えを広めようと努めてきた。こうした変化が生じるとされるシンギュラリティは、今やメディアや世間で日常的に取り上げられている。しかしながら、英米の有名大学の科学者たちの権威をもってしても、多くの人々は半信半疑なままだ。一方で、伝統的な人間の価値観が問われているとして、深い不安を感じている人々もいる。

シンギュラリティの到来に肯定的な人々は、それに否定的な人々を、反動的で弱腰であると非難する。そして、目の前の真実から目を背け、自分たちの快適な生活を危険に陥れるような考えを受け入れようとしない人々だと決めつける。まるで、一七世紀にガリレオ・ガリレイを否定した者たちのようだ、と。科学とテクノロジーの世界で、とりわけナノテクノロジーと人工知能の分野において、今何が起きているかわかっていないのではないか。知る術（すべ）がないのかもしれないし、ただ単に知りたくないのかもしれないが……。シンギュラリティの到来に肯定的な人々は、そんなふうに思っているのだ。

第三章　指数関数的な爆発

チェスボードに置いた麦の粒

ある言い伝えを紹介しよう。昔から広く知られていて、ディドロとダランベールが編纂(へんさん)した『百科全書』によっていっそう広まった話である。[53] これによると、チェスは五世紀初頭のインドで、シーサという名のバラモン（僧侶）が考案したという。シーサは仕えていた若い王に、君主が有能でもひとりでは何もできない、兵士や騎士、妃(きさき)に道化、誰ひとり欠けてはいけないということを教えたくて、格子柄(がら)のボードの上で木の駒を動かすゲームを考えた。王はたいそう喜び、シーサに褒美を選ばせた。すると、シーサはボードのマスの数だけ麦の粒が欲しいと答えた。ただし、ひとマス目にひと粒、ふたマス目にふた粒、三マス目に四粒、と倍々に増やして最後の六四マス目まで埋めていくのだ。王は「麦が数粒でよいのか！」と驚いたが、すぐにそれを聞きいれた。ところが、宮廷の財務官たちが必要な粒の数を計算してみると、国中の収穫量でもまったく足りないことがわかった。『百科全書』の記述によれば、「財務官たちは必要な麦の粒の数を計算した。それは一万六三八四の村の収穫量に相当した。それぞれの村には一〇二四棟の穀物倉庫があるとして、各穀物倉庫の中にはそれぞれ穀物用の計量容器一七万四七六二杯分の麦が、そのひとつひとつの計量容器の中には三万二七六八粒の麦が必要という計算である」。これでおわかりだろう。この言い伝えは、数学者が「指数関数的な爆発」と呼ぶ、幾何学的性格をもつ現象を見事に説明している。それぞれの地点（マス目）をkとすると、ある地点の数量（麦の粒の数）u_k は、前の地点の数量 u_{k-1} と、「公比」と呼ばれる定数qとの積であり、式は $u_k = q \times u_{k-1}$ となる。公比qが1より大きい時には、この増加量はあっという間に気が遠くなるような数字になるというわけである。

半導体チップ上のトランジスタ

ムーアの法則によれば、どのようなタイプの集積回路でも、トランジスタ数は一八カ月から二四カ月ごとに安定して二倍になる。それはすなわち、同様のペースでコンピュータの性能、処理速度、記憶容量が二倍になるということであり、また同じペースでコストは半分になるということでもある。この規則的なペースは今も続いているが、仮にこの法則がこのまま永久に続くとすると、考慮すべき深刻な問題が出てくるだろう。つまり、こんなに高性能なコンピュータを前にして、われわれはこれからいったいどうなってしまうのだろうか、という疑問である。

不安を煽る言い方をするなら、この五〇年間、現実は法則どおりに進んでいる。インテルのゴードン・ムーアが、後にムーアの法則と呼ばれる未来予測を発表したのは一九六五年のことであるが、その時すでにムーアは、一九五九年から発表時までの予測が正しかったことを確認していた。その後、RAM（ランダム・アクセス・メモリ）やディスクの記憶容量は大幅に増え、コストについては同様の比率で減少している。コンピュータの演算速度を見てみると、一九八〇年までは二年ごとに速度が二倍になり、それ以降は一・三年ごとに二倍になっている。例を見てみよう（二六～七頁の図1を参照）。一九七〇年、インテルのプロセッサ四〇〇四型には、約二三〇〇個のトランジスタが組み込まれていたが、その八年後の一九七八年に、同じくインテルの八〇八六型に組み込まれたトランジスタは二万八〇〇〇個であり、八年前の一〇倍以上になっている。さらに二〇年後の一九九九年に発売されたペンティアムⅢには数千万個のトランジスタが、二〇〇七年発売のペンティアム・デュアルコアに至っては一〇億個以上が搭載されている。つまり、ボードのマス目が進むたびに麦の粒が増えるシーサの例と、同じ増え方をしていることになる。ただし、この場合はマス目ではなくて年数、つまり時間軸に沿っての増加であるから、六四マスで終わることはない。

一方、価格もこれと同時進行で下がっている。一メガバイトあたりの価格は、一九八〇年から一九九〇年の間は二年ごとに半分になり、一九九六年以降はなんと九ヵ月ごとに半額になっている。さらに、今ではクラウドを使えばほぼ無料で大容量の情報を保存することができる。これで世界は広がった。たとえば、フランス国立図書館の蔵書目録に記載され所蔵されている一四〇〇万冊の書籍と同等の情報量、すなわち一四テラバイト（一四〇〇万メガバイト）の情報を、ほんの数個のハードディスクに、それもかなり安価に保存することができるのだ。そのうちにわれわれはみな、こうした大量の情報を無料で、頭ではなくポケットに入れて、あるいは、腕時計のように手首に巻きつけて歩くことになるのだろう。

こうした機械の性能の向上に関する未来予測は、SFのためだけにあるのではなく、遠い未来の予想に役立つのはもちろんのこと、短期的な変化を把握するためにも用いられている。経済学者や企業経営者らは、大切な事業計画を立てるにあたり、この予測を活用している。情報革命は、大きな不安定要素を確実にもたらした。たとえば、高価な設備を導入しても、数年もしくは数ヵ月で時代遅れになってしまい、企業にとっては、導入する情報設備の規模を見定めて購入計画を立てることが非常に難しくなった。ムーアの法則は、こうした企業関係者が効率的に投資計画を立てるのに役立っている。また、コンピュータを製造する側のメーカーにとっても事情は同じで、より計画的に情報技術の進歩に対応できるようになった。

ムーアの法則は一般化できるか？

現在、社会のあらゆる分野で情報化とデジタル化が急速に進んでいる。その理由は言うまでもなく、マイクロプロセッサの演算能力が急激に向上したこと、またその価格が低下したことだ。その結果、今や、自動車、掃除機、電話機、腕時計、ゴーグルなどほとんどの製品は、機能制御のために最低一個以上のマイクロプロセッサを内蔵している。なおかつ、製品価格を大幅に値上げする必要は生じていない。さて、コンピュータの性能が劇的に向上したこと、それに伴ってコストが低下したこと、このふたつはまさにムーアの法則どおりである。してみると、情報化、デジタル化が席巻している現代社会の状況を、このムーアの法則が見事に象徴していることがわかる。

またこの法則は、SF作家や発明家、さらには何か新しいものを求めていた研究者らの想像力をかきたてた。こうした人々はムーアの法則を利用することによって新たな境地に達し、この法則はテクノロジー分野だけのものではないと高らかに宣言した。つまりこれは、その起源にさかのぼって自然や生命、人類、文化等の進化を決定づける、もっと普遍的な原理だというのだ。そして、この流れをくむ代表的な人物がレイ・カーツワイルである。カーツワイルは、地球の壮大な歴史を六つの段階に分類した[54]。最初は、ビッグバンに始まって、電子、陽子、そして原子の生成と続き、数億年かけて徐々に有機物が作られるまでの段階である。二番目は生命誕生の段階。DNAや細胞、組織を有する生物が出現する。三番目は、より高度な脳と知能を有する生物誕生の段階である。この時、人類も誕生する。四番目の段階はここまでで最も短く、人類が生み出したテクノロジーが驚くべき規模と速度で完成する。現在、われわれはこの第四の段階を終えて第五の段階にさしかかろうとしているという。この五番目の段階では、当初は人間が自身のために生み出したテクノロジーが、自律性を持ち、自ら進化するようになる。そして自らを有機物に組みこむことによって、サイバー生物や、テクノロジーで能力を増強した人間を生み出すことができるようになる。最後の六番目の段階には、精神性が開花する。宇宙は覚醒し、主にテクノロジーに基づく知性によって満たされる。人間に代わってテクノロジーが君臨するのだ。カーツワイルはまた、多くの表やグラフを用いて、進化のプロセスが二重の意味で指数関数的であることを主張している[55]。つまり、進化の段階が進むにつれて、各段階の期間は指数関数的な比率で短くなり、一方で多様性や複雑さはやはり指数関数的に増大していくという。要するにカーツワイルは、ムーアの法則はテクノロジーの歴史にとっても、原初の暗黒時代から、精神性が行きわたり開花する時代への進化を示す、普遍的法則であると主張しているのである。

暗黙の了解として、生物学的な意味での人間は、進化という大きな歩みの中では、いっときだけ必要とされる鎖の環（わ）のひとつにすぎない。その時が過ぎれば、環は次の環に順番を譲らなくてはならないのだ。カーツワイルが予言する未来では、生体工学人間（バイオニック）に座を明け渡すことになる。彼らは、神経系に移植された人工装具を手足とするロボット装置のような存在で、指令を下すのは、生物学的な基盤から解き放たれた人間の意識である。この時その人間の意識は、精神を自由に羽ばたかせ、肉体という器、さらには脳という器からも解放され、コンピュータにつながることによって、純粋に霊的な存在、ギリシャ哲学でいうところの「プネウマ」になるというのである。

肉体を離れたこの人間の変貌については後ほど述べることにして、ここからは、ムーアの法則が永久に続くという仮説について詳しく検証していくことにする。なぜならこの仮説には四つの問題点があるからだ。ひとつ目は、帰納(きのう)的な性格を持つこの法則を無制限に拡大解釈することに関する論理的な問題。ふたつ目は、小型化をどこまで推し進められるかという物理的な限界に関する問題。三つ目は、経験則であるこの法則を、古代の種(しゅ)の進化に関する考察と比較することの問題。最後に、演算能力の増大とは何を意味するのかという問題。この四点について順に見ていくことにしよう。

論理的な矛盾

最初に確認しておきたいのは、ムーアの法則というのは経験則を公式化したもの、すなわち、観察結果を簡潔かつ便宜的にまとめたものにすぎない、ということである。今日まで半世紀以上にわたってその正しさが確認されてきたとはいえ、それが経験に基づくものだという性質は変わらない。この法則には、これまで行なってきた状況観察以外の根拠は何もない。したがって、これが将来にわたって有効であるとはまったく断言できないのだ。しかし、観察を重ねた結果確信にいたる、というやり方で学問が進歩することはよくあるではないか、と反論される向きもあるだろう。ここでビュフォンの『博物誌』から「精神算術試論」の一部を引用しよう。この中でビュフォンは、明日太陽が必ず昇るという確信は、それまでに太陽が昇るのを数え切れないほど見たことによって生じるものだと述べている。

これまで何も見たことも聞いたこともない男がいるとして、この男がどのように物事を信じたり疑いをもったりするようになるのかを探ってみよう。ある日、男は初めて太陽を見て衝撃を受けたとする。男は太陽が空高く輝いているのを見る。その後太陽が傾き、しまいには消えてしまうのを目にする。男はそこから何らかの結論を引き出すことができるだろうか？　いや、何も引き出すことはできない。ただわかることは、自分が太陽というものを見たということ、その太陽がある方向に動いていったこと、そして最後には見えなくなったということだけだ。だが、この太陽が翌日もまた現われ、そして消えていったとしたらどうだろうか？　再び太陽を見たことは、男にとってある感情を生み出す初めての体験となる。それは、また太陽が見えるかもしれないという期待であり、男は、太陽がまた昇ってくるかもしれないと思いはじめる。しかしこの時点では、男はまだ半信半疑である。そして翌日、再び太陽が昇る。こうして三回目に太陽を見たことは、男にとっては二度目の体験となる。これにより、また再び太陽が昇る可能性が高くなり、男の疑心は弱まる。翌日の三度目の体験の後には、男は再び太陽が昇ってくるということにほとんど何の疑いも持たなくなっている。そしてしまいには、太陽が規則正しく現われては消えてゆくのを一〇回、二〇回、一〇〇回と連続して見るうちに、男は、太陽がいつものように現われ、同じ場所を移動して消えてゆくということを確信するようになるのである。同様の観察結果が積み重なれば積み重なるほど、翌日も太陽が昇るという確信はますます大きくなるのだ。すなわち、観察結果がひとつ増える度に、この場合であれば一日ごとに、蓋然（がいぜん）性が生まれ、その蓋然性が積み重なって大きくなった時に、具体的にそれが確実だということができるのである。（中略）その他の自然現象についてもすべて同じことが言える。[56]

ムーアの法則をこれと同様の考え方で見てみよう。ムーアの法則が正しいとする根拠は、長期間の観察結果によるものである。論理学ではこうした考え方は帰納的推論と呼ばれている。つまり、数多くの個別の事例の観察を通じて、普遍的な原理を導き出す推論方法だ。

ただし、帰納的推論によって得られた結果を科学的に有効と認めるためには、少々注意が必要だ。というのは、繰り返し観察を行なってその結果を一般的な原則にのっとってまとめただけでは、不十分だからである。推論結果は一定の検証を行なわなければならない。実験をして、ある現象の発生に関与する実際の条件を再現し、そこで起こることを観察する必要がある。だがこのムーアの法則の場合、観察が行なわれた時点と同様の具体的な条件を再現することは難しい。というのも、この法則はテクノロジーの進化に関するものであるが、テクノロジーの進化が依拠するものは、そのテクノロジーの進化直前の状態であり、それさえも、時間とともに絶え間なく変化し続けて、逆戻りすることがないからである。それゆえ、ムーアの法則は歴史的な法則というべきものであって、正確には、実験に付すことができない。そんなことを言ったら、歴史が関係する科学、例えば地質学はどうなるのだ、という反論もあるだろう。確かに、地質学も同様の問題を抱えている。地球が形成された起源にさかのぼって実物と同じ条件を再現するなど、考えられないことだ。それでも地球科学という学問が存在し、これは他の自然科学と同じように、厳格なアプローチによって研究が行なわれている。実験が不可能であるため、こうした学問は万人が認める自明の理を暗に拠り所としている。それに基づけば、過去に起こったことは現在も同じような手順で起き、未来にも同じような手順で起こると考えられるからだ。イギリスの哲学者、ジョン・スチュワート・ミルの言葉を借りて言い換えるならば、帰納的推論の正しさは、斉一性（せいいつせい）（同じ条件のもとでは同じ現象が起こるという性質）があるかどうかにかかっている、ということになる。

ホエートリー大主教が言われたように、帰納法というのはすべて、大前提のない三段論法である。私としてはむしろ、帰納法というのはすべて、大前提を加えれば三段論法の形になり得る、と言いたいところだ。もし、大前提を加えるとするならば、ここで問題にしている原理、すなわち、自然の推移の斉一性という原理は、すべての帰納法の究極の大前提とされるだろう。そして、この原理と帰納法の関係は、三段論法における大前提と結論の関係と同じである。つまり、この原理や大前提は、帰納法による結論や三段論法の結論を証明するためにあるのではなく、証明されていることの必要条件となるためにあるのだ。[57]

自然の推移の斉一性については、それほど難しくなく大前提にできるかもしれない。しかし、テクノロジーの進化については、同じようにできるわけではない。過去の発展速度が未来でも継続するという保証は何もないのである。古代世界や中世の歴史、または極東の歴史等を見ればよくわかるように、歴史上には、急速に発展し、めざましいスピードで次から次へと変革が起こる時代がある一方、進歩が停滞する時代、さらにはテクノロジーが後退する時代があり、その渦中では技術や手法が廃れていくこともある。要するに、今日まで五〇年間ムーアの法則に関する観察をしてきたといっても、それによってこの法則が将来も有効だと保証することは、まったくできないのだ。

さらに付け加えるならば、すべての帰納的推論の必要条件である、斉一性という原理は、非連続性の近傍では役に立たない。また自然科学の世界では、特異点に近づくにつれて通常の法則が役に立たなくなることが知られている。通常の法則が役に立たなくなるということこそが、まさに特異であるということなのだ。テクノロジーの進展に関する法則についても同様のことが起こる可能性は十分にある。そうなると、自明の理に基礎を置くムーアの法則の正当性は、この法則が永遠に続くという前提で生まれたシンギュラリティという考えそのものによって否定されることになる。このように、ムーアの法則を無制限に拡大解釈することに関しては、ここで論理的な矛盾に行きつく。もちろん理論上は、テクノロジーが人類にとって破滅的な方向に進化して、自然界での人間の地位を揺るがすようなことが起こらないとも限らない。しかし、テクノロジーの推移が斉一的であるということに基づく法則を用いて、この激変の予測を導き出すことはできないだろう。

物理的な限界

前節では、ムーアの法則の無制限な拡大に対する論理的反証を行なった。ここではカーツワイルの仮説の物理的・技術的な疑問点について説明したい。

物理学者のハンス＝ヨアヒム・ブレーマーマン[58]は、一九六二年以降、アインシュタインの質量とエネルギーの等価性理論や、ハイゼンベルクの不確定性原理に着想を得て、情報処理システムが超えることのできない物理的な障壁について発表した。ブレーマーマンは障壁を三つに分類した。電磁波の伝達速度が有限であることによる時空間的な障壁、情報伝達の周波数を制限する量子的障壁、演算から生じる情報エントロピーの低下を補う物理的エントロピーの増大に関する熱力学上の障壁である。これらの理論は非常に重要で、特に暗号理論における鍵の最小サイズを決定するために欠かせないものになっている。われわれは、もちろんここからも、ムーアの法則が永久には続かないことを教わるのである。

しかしながら、この物理的限界は、何であれ物質的なものすべてに関係する。したがって、すべての生物、人間やその身体も関係することになる。ブレーマンは一九六五年に書いた論文の中で、[59]ジョン・フォン・ノイマンの著書を引用しながら、[60]人間の脳の構造はこれらの物理的な限界には遠く及ばないと述べている。人間の脳の能力は、物理的限界の能力の三〇億分の一、ということらしい。たとえ、物理的限界は超えられなくても、それに近い機械ができてしまえば、その機械は三〇億個分の脳に匹敵し、人間をはるかに凌ぐものになる……。要するに、理論上小型化には限界があるとわかっても、それで人間を安心させることはできないものなのだ。

こうした物理的な問題とは別に、現在、技術的な制約が厳しいという問題もある。プロセッサはシリコンと半導体を用いて製造される。原理は単純だ。伝導体、絶縁体、異なる種類の半導体といった、さまざまな電気特性を持つ素材の層を、シリコン基板の上に積み上げていく。回路の切断は感光性物質を使って行ない、回路の、硬化または保護したい部分には光をあて、それ以外の部分は隠しておく。エッチングの精度は解像度に左右され、解像度自体も使用される光の波長によって変わってくる。さらにエッチングの精度は半導体素子のサイズによっても左右されるが、半導体素子には機能を果たすために数百個のシリコン原子が組み込まれている。したがって、どんなに小型化しても一〇ナノメートルを下回ることはできないだろう（一ナノメートルは10^{-9}メートル、すなわち一〇億分の一メートル）。つまり、現在のプロセッサ製造工程には制約があるということがわかる。これは「シリコン障壁」と呼ばれている。すでに二〇一六年には、インテルはプロセッサの小型化については開発を抑制していくと発表した。その結果、ムーアの法則からははずれることとなった。[61]

それでも、新しい技術によって次世代半導体素子が誕生し、新たな可能性を切り開いてこれまでの制約を乗り越え、かつてない進歩を遂げることはあるかもしれない。最近よく聞くのは、二〇〇四年に発見されたグラフェンという新素材の名である。グラフェンはシリコンよりも導電性が高いという特性を持っているため、小型化がさらに進展するのではないかと期待されている。また、量子計算によって小型化の壁を打ち破ろうとする人々もおり、いくつかの道筋が検討されている。しかし、研究者たちが有望な技術に関する研究を続けてはいるものの、今すぐにも認知されてシリコンに取って代われるような素材はまだ発見されていない。もしそんな素材が発見されて実用化されることになれば、プロセッサに対する考え方は大きく覆されることだろう。その時われわれが目にするのは技術革命と言ってもよいもので、トーマス・クーンの言葉を借りるなら、パラダイムシフトに直面することになるのである。[62] ただし、そのような激変は意表をついてやってくるものであり、前もって予測することはできない。あるいは、再度クーンの言葉を借りて言うなら、われわれは、皆が知っていて信頼できる科学技術に裏打ちされた「正常な科学技術」体制の中で生きている。その中で、ムーアの法則がずっと続くと主張するのは、なかなか勇気のいることだろう。なぜなら、しばらくは安定期の横ばい状態が続くと思われる理由がいくつもあるからだ。したがって、ムーアの法則が予測したようなことはまったく起こりそうにはない。この点に関しては、人間の歴史は概して、またテクノロジーの歴史はとりわけ、よく予想を裏切るものだということを思い出したほうがいいだろう。現に、過去にどのような未来予測があったのか見直し研究を行なったところ、未来というものは予測には従わない、ということがわかったという。進歩は痙攣（けいれん）のように突然起こるものだ。科学技術がすべてを決定するのではない。われわれ人間はいつの時代にも存在する。そして新しい物を生み出すのはいつも人間なのだ。

経験に基づく反論：種の大量絶滅

ムーアの法則を一般化する根拠は何か。それは、法則がずっと事実であり続けたことを経験的に観察してきたこと（つまりプロセッサの性能が指数関数的に向上し続けていること）、自然もその起源以来、同様の指数関数的ペースで進化を遂げてきているとみられること、である。カーツワイルは、テクノロジーの進歩と、自然の大変容のリズムという、ふたつの指数関数を結びつけるために、そのふたつを同列に扱って、進化、進歩に関するひとつの一般法則にまとめあげてしまった。しかし、もうこれ以上そんなことをすべきではない。ここまで、ムーアの法則が永久に有効だとする考えに反対する理由を述べてきたが、自然が指数関数的なペースで進化したというカーツワイルの主張の〝証明〟には、まったく呆気にとられる。というのは、彼がその根拠として挙げた進化の道しるべとなるものの例が、プレヴェールの「財産目録」という詩のごとくに、何でもありなのだ。生命の誕生、真核生物と多細胞生物の出現、カンブリア紀の種の大爆発、植物、爬虫類、哺乳類、霊長類、ヒト科動物、人類の祖先ホモ属、二足歩行のホモ・エレクトゥス、言葉を話すホモ・サピエンス、現生人類のホモ・サピエンス・サピエンスの誕生、美術、最初の集落、農業、文字や車輪の発明、都市国家の誕生、印刷術、実験による研究手法、産業革命、電話、ラジオ、コンピュータ、パソコンの登場。これらはすべて、それぞれの出来事の大まかな年代を付して表に取りまとめられており、それを見ると、なんとなく指数関数の法則にのっとっているようにも見える。

しかし、ここでさまざまな疑問が浮かぶ。他の指標ではなく、なぜこれらの指標を選んだのだろうか。進化の道しるべとなるこれらの選択に関しては何の説明もなされていない。そしてこれらは二次元の表の上に配置されているので、一般法則にのっとっているかのような曲線を作り出しているが、指標を変えてもいつも同様の曲線が得られるかどうかは確認する必要があるだろう。この点に関し、選ばれた指標はみな新しい現象が出現する初期の段階のものだ（生命の誕生、真核生物の出現、爬虫類の出現など）。ところが進化の専門家によれば、出現と同様、消滅というのも非常に重要なことであるという。というのは、ひとつの現象の消滅が、それ以降の進化の方向を左右するからである。特に「大量絶滅」[64]は生態系に大きな変化を引き起こし、その結果、新たな環境条件が生まれることになる。実際、それによって特定の地域のみに分布していた種が広範囲に増殖したこともあった。たとえば、哺乳類が出現したのはかなり早い時代、およそ二億三〇〇〇万年前の三畳紀（さんじょうき）だったが、その数が増えて広い範囲に分布するようになるのは、恐竜が絶滅した後のことだ。恐竜はおよそ六六〇〇万年前に絶滅し、その後を哺乳類に取って代わられた。

古生物学者によれば、[65]五億四〇〇〇万年前の古生代初期以降、地質時代の間に、五、六回生物の大量絶滅が起こっており、それは五、六回あった大きな天変地異と時代を同じくしている。最も古いのは四億四五〇〇万年以上前、オルドビス紀の終わり頃のものだ。二番目はデボン紀の絶滅と言われるもので、三億八〇〇〇万年前から三億六〇〇〇万年前の間に起こった。三番目は、P－T境界（ペルム紀と三畳紀の境目）の絶滅と呼ばれ、二億五二〇〇万年前から二億四五〇〇万年前の間である。四番目は三畳紀・ジュラ紀の絶滅で二億年前。この時にすべての巨大両生類が絶滅した。その中にはプリオノスクスという、体長が九メートルにもなるオオサンショウウオのような生物も含まれている。五番目の白亜紀・第三紀の絶滅は最も知られており、六六〇〇万年前。この時恐竜を含む、生物の半分以上が絶滅した。最後の六番目は一万三〇〇〇年前、完新世の絶滅で、これは人類が世界を席巻したことによって生じた。さて、この六つの年代を順番に並べてみるとしよう。すると445×10^6、370×10^6、250×10^6、200×10^6、66×10^6、13×10^3となり、まったく指数関数にはなっていない。つまり古生物学は、カーツワイルが立てた、自然の進化が指数関数的だとする法則をはっきりと否定したことになる。まだ他の理由が必要だと言うのなら、スティーヴン・ジェイ・グールドが多くの著書、特に『フルハウス 生命の全容』[66]の中で述べていることを紹介しよう。グールドは、進化はいつも偶発的なものだと説明している。全体を見渡すと、進化の歩みというのは、複雑化に向けて連続的に進んでいるわけではなく、また完成された理想の形をめざして進歩しているわけでもない。種の進化と、生物がその発展の過程で潜在能力を徐々に発揮していくことを関連づけようとしても無駄だ、というのである。

知能と演算能力

そもそも知能とは、単純作業を実施するスピードのことでも、メモリに保存された情報量のことでもない。演算能力が向上したり記憶容量が増えたりしたからといって、自動的に知能が生じるわけではない。これはおそらく、人工知能という言葉が少々混乱を生んでいるようだ。人工知能研究は一九五五年、ジョン・マッカーシーとマーヴィン・ミンスキーというふたりの数学者によって、[67]人間や動物のさまざまな認知能力をコンピュータ上で再現することを目的に始められた。ふたりの考え方の出発点は、知能を単純な機能ごとに分解できれば、それをコンピュータで再現できるというものだった。この研究のため開始した作業プログラムは、近代物理学や現代生物学のそれと似た面がある。ガリレオ・ガリレイ以降の近代物理学においては、自然を数学言語で表現するという考え方があり、また現在の生物学においては、ワトソンとクリックによるDNAの二重螺旋(らせん)構造の発見によって分子生物学の時代が到来して以降、生物の研究を化学構造上の研究に置き換えて行なうようになっているからである。だが、自然を数学言語で表現するための考え方も、生物を物理化学的現象に置き換える手法も、統一されたひとつの答えを出すことはない。むしろその逆で、多くの有望な理論を用いて、物理的・生物学的な現象の多様性を理解するように促すのだ。そしてそのさまざまな理論については、探求し、比較対照し、実験によって有効か否か見極めなくてはならない。人工知能についても同様のことが言える。まずは知能というものの多様な面を分解し切り離してみて、それからその各部分のシミュレーションを行なう必要がある。そしてそのシミュレーションを可能にするために必要となるものは、コンピュータの性能向上というよりも、むしろアルゴリズムであり、知識の表現方法の形式化であり、思考方法のモデル構築であり、論理なのである。たとえコンピュータのおかげで情報活用が進んで、今のわれわれにとってコンピュータが欠かせないものになっているとしても、それは変わらない。要するに、演算能力が高いだけでは、答えも説明も出すことはできない。魔法のようにあっという間に、人工知能が新しい可能性を開いてくれるというわけにはいかないのだ。

強調しておきたいのは、知能というものは、機械であれ人間であれ、物質と同じで、非常にさまざまな形をとって現われるということだ。一八世紀に発表された学説、特にフランツ・ヨーゼフ・ガルの能力心理学に関する学説、さらに一九世紀の、テーヌ、ビネー、スピアマン等の科学的心理学に関する学説、最近では、認知科学に関する学説が、知能の多様性について力説している。例を挙げると、スタニスラス・ドゥアンヌの学説がある。それによれば、計算[68]や読書[69]などの簡単そうな活動であっても、脳はたくさんの異なる能力を働かせており、それも状況に応じて変化させている。たとえば計算ならば、小さい数なのか大きい数なのか、暗算なのか、紙に書いているのか、アナログかデジタルか等によって違ってくる。ドゥアンヌは、脳の働きを断層画像を用いて観察することにより(ニューロイメージング)、この理論を反駁(はんばく)の余地のない方法で証明した。

結局のところ、コンピュータの演算能力と、コンピュータが知能を再現する能力には、直接的な関連性はない。したがって、仮にムーアの法則が通用するとしても(そうでないことはこれまで見てきたとおりであるが)、それによってスーパーインテリジェントマシンが誕生すると論じるわけにはいかないのである。

第四章　コンピュータは自律できるか？

自己複製機械

　ある日、私のところに一通のメールが届いた。それは、メーリングリストの登録者に一斉送信されたものだった。そのメールが届いて間もなく、受信者のひとりから不在通知が届いた。休暇中で返信できないため、不在通知を自動送信する設定をしておいたのだろう。続けざまに別のふたりの受信者からも同様の不在通知がきた。だが困ったことに、三人の不在通知が、メールの送受信者全員へ送信する設定になっていた。そのため、他のふたりからの不在通知が届くたびに、それに対して不在通知が送られるということが延々と繰り返されることになってしまった。メールボックスは絶え間なくメールを受信し続け、一気に膨れあがった。加えて、この状況に業を煮やした他の受信者たちが、事態の収拾を求めるメールを送信者に出したことで、メールの増加はますます加速し、これに対して「これ以上事態を悪化させないために」メールに返信するのは止めるよう懇願する送信者のメールが事態をさらに悪化させた。メールボックスには、不要なメールが恐ろしい勢いで増え続けた。それはまるで雪崩のようだった。初めは小さな雪の玉が、斜面を転がるうちにどんどん大きくなり、新雪に刺激を与える。すると新雪が崩れて滑り落ち、今度は吹き溜まりの雪が刺激を与えられて、さらに大きな雪崩へと発展するのだ。ただし、雪の量には限りがあるから雪崩はそのうち止まる。ところが、送信数に制限のないメールの場合はそうはいかない。エンジニアに頼んで、システムに手を加えてもらうしか止める手立てはないのである。

この問題は、ほんの些細な出来事が次々と影響を及ぼし、ひいては重大な結果をもたらすという点で、ドミノ理論や連鎖反応、金融界のシステミック・リスクと通じるものがある。物理の世界では、熱力学のエネルギー保存則により、あるエネルギーでできる仕事の量は限られる。一方、バーチャルの世界では、自己複製も可能だ。そして、機械の能力が限界に達しない限り、それは止まることがない。

概して、われわれは何かが連続して起こってしまう事態に、あまり良いイメージを持っていない。この、同じメールが延々と送信されるという出来事ひとつとっても、迷惑と不愉快以外の何物でもない。「不正ソフトウェアの開発エンジニアが、自己複製のアルゴリズムを応用してコンピュータウイルスやワームを生み出した」と聞けば、ますます否定的なイメージを持ち、良いことなんてひとつもないと思ってしまうのだ。

しかし、機械が無意味なデータをただひたすら複製し続けるのではなく、プログラムを複製しつつ、自らの行動を顧みて、その都度より適した結果を吟味しながら改善していくことができたなら、それは素晴らしい成果をもたらすだろう。すなわち、プライミング理論（先行する学習が後続の学習に影響を与えるという理論）を人工知能の自己学習に応用するという取り組みである。これについては、過去にフランスのジャック・ピトラ[70]、アメリカではソール・アマレル[71]やハーバート・ゲランター[72]らが言及し、半世紀にわたりさまざまな研究が行なわれてきたものの、実際のところあまり成果はあがっていない。成果どころか、反論さえあがらないのだとしたら、これはもうミュンヒハウゼン男爵（ほら吹き男爵）の冒険譚[73]も同然だと判断されたということかもしれない。馬に乗ったまま沼に飛びこみ、首まで泥につかってしまった男爵は、馬を両膝に挟むと、自分で自分の髪の毛をつかみ、馬もろとも沼から引っ張りあげたというのだから……。

機械学習

　その昔、まだ人工知能という言葉すら存在していなかった頃、アラン・チューリング[74]はすでに機械の自己学習に言及していた。一九四八年と一九五〇年に執筆した、機械の知能に関する論文の中で、彼はこう述べている。機械が考えるためには、より正確には、考えることができる生物のように行動するためには、われわれを取り巻く世界や社会の実情に関する膨大な量の知識を持たなくてはならない、と。しかし、これらの知識を機械に移行するのは気の遠くなるような作業であるばかりか、終わりがない。人間の知識には明確な限度というものがないからだ。チューリングによれば、知識をいちいちプログラム言語に変換するよりも、機械に学習能力を持たせる方がはるかに効率的だという。つまり、機械が周囲の状況や自らのいる場所、自らの行動を観察し、それによって知識や技術を獲得する能力を持つということだ。

　その数年後の一九五五年、ついに人工知能という言葉が誕生すると、先駆者たちは改めて機械学習[75]に言及し、その重要性や有用性を唱えた。それから六〇年、人工知能の自己学習能力を向上させるため、日夜研究が進められてきたのである。

　これまで模索されたさまざまなアプローチの中には、連合記憶や条件づけなど、心理学の分野から着想を得たものも多い。ほかにも、シナプスの可塑性、つまり人間の脳を構成するニューロン（神経細胞）同士は刺激に応じて結合の強度が変化するという性質を応用する試みや、生物の進化、人類の社会化、ミツバチやアリなどの社会性昆虫の自己組織化に着目した研究なども行なわれている。

こういったさまざまなアプローチについて研究を重ね、コンピュータに導入しては比較評価を繰り返したことが、多くの機械学習アルゴリズムの体系化につながったのである。ここでは名前を挙げるだけにとどめておくが、広く使われているものとして、ニューラルネットワーク、遺伝的アルゴリズム、決定木学習、k近傍法、ベイズ学習、カーネル法、サポートベクターマシン（SVM）、深層学習（ディープラーニング）などがある。これらの手法は非常に有用で扱いやすく、今日、あらゆる分野の人工知能に応用されている。

ビッグデータ

現代においては日々、膨大な量のデータが蓄積されている。センサー、地震計、電波望遠鏡、心臓周波数計、カメラ、マイクロフォンをはじめ、あらゆる種類のインターネット接続機器から、自分たちの知らないうちに情報が吸いあげられる一方、クラウドソーシング＊を活用し、自分たち自身でもデータを収集する。これらのデータは、やはりインターネットを介してほぼ自動的に集められ、さらに巨大な塊（かたまり）となるのだ。誰かのミニブログのつぶやきや、検索エンジンで調べた言葉、閲覧したページ、残したコメントまで、すべてが収集されているのである。たとえば、カーナビアプリのＷａｚｅであれば、車の移動経路や瞬間速度を規則的に記録し、そのデータを統合して道路の混雑状況を推測し、ユーザーに最適な道順を提供する。さらには、人間の生理学的数値（心拍数、血圧、血糖値など）をインターネットに接続された腕時計やブレスレットに常時記録し、それを専門機関に送ることで、リアルタイムで健康をチェックしてもらえるようになるという構想まであるのだ。

こうして集められたデータは、その膨大な量にふさわしく、ビッグデータと呼ばれている。だが、ここ数十年来、データ生成量が二年ごとに倍になっている状況に、われわれは慣れきってしまっているようだ。膨大だといわれても、実感がわかないのである。では、目眩（めまい）を起こしそうになるくらい途方もない量とは、実際どれほどのものなのだろうか？

それを知るためには、ちょっとした計算が必要になってくる。では、今一度、歴史あるフランス国立図書館の蔵書目録を見てみよう。長きにわたり知識人たちの拠り所であったこの図書館には、現在、約一四〇〇万冊が所蔵されている。さて、これらの本に、一冊あたり一〇〇万の文字が書かれているとする（本を書いたことがある人ならわかるだろうが、これはかなり低く見積もった数値だ）。つまり、蔵書すべてを合わせると、一四兆文字書かれている計算になる。それをデジタル化した場合、英数字一文字は一バイトで表わされるため、一四兆文字は一四兆バイトのデジタルデータになる。すなわち、一四テラバイトである（一テラバイトは、一〇〇万メガバイト＝一〇の一二乗バイトに相当する）。これを踏まえた上で、今日のビッグデータ社会に目を移してみよう。ツイッターというアプリケーション上で日々交換されるツイートの容量だけで、数テラバイトに到達するという。フェイスブックに至っては、一日のデータ処理量が五〇〇テラバイトであり、フランス国立図書館のデータ量の数十倍に匹敵する。また、二〇一五年にインターネット上で収集された全データは、七ゼタバイト（一ゼタバイトは一〇の二一乗バイト）、すなわち七〇億テラバイトで、これはなんとフランス国立図書館のデータ

＊「アウトソーシング」（外部委託）に、群衆を意味する「クラウド」を組み合わせた造語。インターネットを介し、不特定多数の人間により共同で進められる業務方式のこと。

量の五億倍に相当する。

しかも、今では、こうした大容量のデータを溜めるだけでなく処理することが可能になった。前節で述べた機械学習アルゴリズムを用いて、ビッグデータから知識を自動的に、しかも超高速で抽出できるのである。この技術は、アップルのSiriなどの音声認識システムや、グーグルの自動運転車にも利用されている。顔認証システムにも採用され、特定の条件のもとでは非常に高い認識率をあげている。また、二〇一六年三月には、グーグル傘下のディープマインド社が作ったAlphaGo（アルファ碁）という囲碁プログラムが、世界最強棋士のひとり、李世乭（イ・セドル）と対局し勝利をおさめた。この囲碁プログラムにも、機械学習アルゴリズムの深層学習と強化学習を組み合わせた手法が用いられていた。これらの例は、その一定の効果を実証するものだと言えるだろう。そしてこれが、第一章で述べたように、スティーヴン・ホーキングをはじめ、フランク・ウィルチェック、スチュワート・ラッセル、イーロン・マスク、ビル・ゲイツら、多くの科学者や実業家が口を揃えて警告を発するゆえんである。彼らいわく、近い将来、コンピュータは自律し、われわれの能力を超え、われわれを支配するようになる――はたしてこれは本当だろうか？　実際、われわれを脅かすような要素はあるのだろうか？　コンピュータが機械学習の手法を組み合わせてビッグデータを処理したからといって、どうしてそれがコンピュータを自律させ、われわれを超越することにつながるというのだろう。

リスクの程度

これらの疑問に取りかかる前に今一度確認しておこう。機械は自己学習することにより、集めたデータから知識を構築し、それを基にプログラムを書き換えることで、自らのシステムを自動更新できるようになる。その結果、機械の処理能力は格段に上がり、われわれの日常生活にも多大な恩恵がもたらされるのだ。さて、このような利点がある一方で、近年、ある弊害が取り沙汰されるようになった。コンピュータが自らプログラムを書き換えることで、人間の管理が行き届かなくなり、プログラムの中身を確認することもできなくなる。そのため、人間がコンピュータの行動を予測することが難しくなってくる、というものだ。この予測困難というのには、ふたつの意味合いがある。ひとつは、処理スピードが速すぎてついていけないということであり、もうひとつは、コンピュータが起こそうとする行動そのものがわからないということである。なにしろコンピュータは、誰も中身を把握していないデータを基に作ったプログラムを実行しているのだから。だが、気づいたところでもう手遅れである。ビッグデータのような膨大なデータを完璧に処理できるような能力を持つ人間は存在しない。その点では、間違いなく機械は人間の能力を超えている。

これに懸念を示した人工知能の研究者らが、二〇一五年、二通の公開状に署名した。一通目[76]は一月に出されたもので、学習能力をもった人工エージェント（独力で動く仮想代理人ソフトウェア）が拡大することによるリスクおよび、今後も一貫して研究を続けることの必要性を訴えた。二通目が出されたのは七月で、[77]ドローンやロボットを用いた自律型兵器の開発の禁止を訴えるものであった。

私は今、フランス国立研究機構（ANR）のプロジェクト、「倫理と自立エージェント」（EthicAA[78]）に参加し、この問題について研究を続けている。このプロジェクトは、哲学者、論理学者、そして人工知能の各分野（自動推論、マルチエージェントシステム、超準モデル、論証のモデル化）の研究者らの協力によって進められている。人工エージェントの能力を制限することで、今日あちこちで議論を巻き起こしている人工知能が、倫理的にも法律的にも問題なく運用できるということを保証しようとするものだ。そしてその先には、さまざまな情報を扱う際に、人間と人工エージェントのもつ双方の理論や規範を尊重した、より正しい決定を下すためのルール作りを行なおうと計画している。

ロボット機器やバーチャルエージェントが人間の生活に占める割合は、今でもそうとう大きいが、将来はもっと大きくなることが予測されている。その重要性を考えれば、それらが人間にとって無害であるということを確実にしておく必要がある。この問題には常に注意を払っておくべきだ。機械が急に機能しなくなってしまう可能性、その結果としてもたらされるリスクやその先の悲劇を想像すれば、恐れを抱くのも当然であろう。とはいえ、機械やバーチャルエージェントが自律し、ある日突然人間の命令を聞かなくなり、人間を無視して、ただ自分の欲求を満たすためだけに決定を下すようになるということを、本当に恐れる必要があるのだろうか？

機械学習アルゴリズムの分類

この問いに答えるためには、機械学習アルゴリズムの話に立ちかえる必要があるだろう。機械学習アルゴリズムの種類は豊富で、先ほど「機械学習」の節で挙げたものは、ほんの一部にすぎない。だが、数は多くても、実はアルゴリズムのタイプは三つしかない。ひとつ目は、「教師あり学習」アルゴリズムで、入力データの分類を教師が機械を教育しながら学ばせる。ふたつ目は、「教師なし学習」アルゴリズムで、機械が自分で学習する。三つ目は「強化学習」アルゴリズムで、機械の一連の行動に対し、一定の報酬や罰を与えて最適な行動を学習させる。ちょうど、考えの古い教師が、悪いことをした生徒の指を物差しで叩き、良い発言をした生徒にポイントを与えるようなものだ。

このうち、教師あり学習アルゴリズムと強化学習アルゴリズムに関しては、近年目覚ましい成果をあげている。特に強化学習は、一貫した注意力を必要とする時、あるいは、ウラジーミル・ヴァプニックの統計的学習理論[79]や、レスリー・ヴァリアントのいう「確率的で近似的に正しい」（PAC、probably approximately correct）[80][81]モデルの数学的理論を必要とする場合に用いられる。具体的に言うと、書き取りのような連続した音の認識、指紋・声紋・顔の認証や感情の識別といった認証システム、ある車が、止まるべきか進むべきか、右折か左折かを決定するといった局面で、強化学習の手法は非常に有効である。われわれは、認証したいサンプルをできる限りたくさん機械に与えておくだけでよいし、自動運転車の性能を上げたければ、スピードに応じて報酬を与えたり、事故を起こした場合に罰を与えたりすればよいのである。しかし、教師あり学習アルゴリズムが実行されるためには正解をもつ例題が必要であり、強化学習アルゴリズムには報酬が必要となる。ここである問題が生じる。いったいだれが正解を教えたり、報酬や罰を与えたりするのか？　それは、われわれ人間である。機械は、人間が教えたルールに従って行動しているのであり、自分自身でルールを生み出しているわけではない。そういった意味では、機械は完全に自律しているとは言えないのである。

ここで、「自立」と「自律」の違いについて明確にしておこう。自立とは、仮想代理人ソフトウェアであるところのエージェントが自ら動き、誰の力も借りずに意思決定できることを言う。たとえば、道順を選択しながら走る自動運転車や、あらかじめ教えられた条件に一致する標的や動くものなら何でも撃つロボット兵器などの類だ。つまり、エージェントの自立とは、技術的な意味であり、情報を取得してから意思決定し、実行に移すまでの間に物理的な因果関係があり、しかもそれを人間など外部からの介入なしにできることを指す。一方、自律というのは哲学的な意味であり、自らが行動する際の基準と目的を明確に持ち、自ら規範を作り出すことができることをいう。自律の対義語は他律で、これは自らの意志によらず他者からの命令に従って行動することだ。自律したロボット兵器は、与えられた色や形などの条件に合う標的を探し出して攻撃する、といったことはしない。自ら掲げた目的を果たすのにふさわしい標的を、自ら決定するのである。

無人電車やドローンなど、人間は長年にわたり、自ら動く自立した機械を作ってきた。

そして何も問題は起こっていない。それどころか機械学習技術のおかげで、こうした機械の開発がより効率的に行なえるようになった。今、世の中で懸念されているのは、自立ではなく自律の方だが、学習能力を与えられ、自らのプログラムを改善できるようになっても、機械が自律することは考えられない。なぜなら、機械は結局、人間に教えられた理論やルールにのっとって行動することになるからである。

それならば、強化学習が、人間と同じく自然界から受ける報酬（生きることや満足感）と罰（死や苦痛）によってのみ行なわれた場合はどうなるだろう。この時、行動選択の基準はどこからくるのだろうか？　個の成熟、種の進化、生物圏の保存など、目的によって最適な基準も異なるように、選択の基準というのは自発的に生まれるものではない。結局、強化学習も教師あり学習も自律性はないのだ。実際、強化学習アルゴリズムを使用する際には、人間が最適な選択を行なう基準を設定し、機械はこれを変更できないようになっている。

よって、教師あり学習も強化学習も、機械を自律させることはない。つまり、スティーヴン・ホーキング、イーロン・マスク、ビル・ゲイツ、スチュワート・ラッセルらが次々と公にした懸念を、裏づけるものは何もないのである。確かに、これまでの経験上、機械学習のように短時間で目覚ましい発展を遂げた手法は、何らかの不具合が生じる危険性をはらんでいるものだ。だからといって、われわれが帰還不能点に達し、以降は機械に支配されるということまでは言えないだろう。

コンピュータの創造性

さて、機械学習アルゴリズムが実行されるためには、特徴ベクトル、または、数式や論理式などの形式言語で記述された訓練データが必要になる。これをどのように記述するかが、機械学習を効率的に進めるための重要なポイントとなる。訓練データがお粗末過ぎると、機械が知識を公式化するのに十分な情報を得ることができない。盛りこみ過ぎれば、処理すべき無駄な情報が増えて、飽和状態に陥る恐れがある。訓練データは機械が学習すべき理論を明確に示すものでなければならないのだ。

このように、訓練データは機械の学習能力を高め、知識を構築するのに重要であるが、機械はその内容を書き換えることができない。盛りこみ過ぎれば、それを削除することも、制限をかけることもできないのである。もちろん、これに関する研究も行なわれ、一九九〇年代には帰納論理プログラミングで、最近では深層学習による書き換えが模索されたが、十分な成果は得られていない。要するに、訓練データの書き換えというのは人間にとっても非常に難しい問題であり、たとえて言うならそれは、新たな科学的発見に遭遇した時の反応に近い。トーマス・クーンは、既成概念の枠組みの中で行なわれる科学研究を「正常な科学」と名づけたが、こうした科学研究は、既存の枠組みが強いる制約を越えられず、時に限定的になってしまう。たとえば、クロード・ベルナールはクラーレ毒の作用について、筋肉の麻痺と神経伝導度の変化のふたつを仮説に挙げ、二〇年も研究を続けた挙句、どちらの結論も導き出すことはできなかった。結局、ふたつのうちのどちらでもなく、神経から筋肉への伝達を遮断する作用があるということが後に明らかになるが、当時の彼にこの考えはなかった。正しい仮説を立てるためには、彼が持ち合わせていない別の概念が必要だったのである。

ガストン・バシュラールが「認識論的断絶」、トーマス・クーンが「パラダイムシフト」と称した既成概念の変化は、ある概念が確立されて支配的規範となる過程よりも、はるかにゆっくりと偶発的に進むものである。ひるがえって、今日の機械学習の手法は、既知のデータから経験的法則を求めることは得意だが、新たな概念を創造するまでには至っていない。ディスクリプタが生成され、知識を記述する言語はより豊かになったが、それはビッグデータを機械学習アルゴリズムに活用したことで実現した技術的偉業とは関係ない。一方、教師なし学習の手法では、新たな概念を自動的に創造できると考えられているが、この分野の開発は進んでおらず、新たな概念を創造するどころか、概念装置（思考の枠組み）すら創造できていないのが現状だ。

このように、現在の人工知能開発における技術レベルを見る限り、コンピュータが、人間の力を借りずに際限なく進化し続け、ついには暴走し、自律し、われわれを支配するなどということは、考えられないのである。

第五章　現代のグノーシス

人工知能を「仮像（かぞう）」としてとらえる

化石と結晶

自然界には、物理化学的な過程を経た末に、固体物質を構成する分子がすっかり変化してしまうということがある。それは分子がゆっくりと置き換わって起こる場合もあれば、外部の物質が加わって徐々に変質する場合もある。あるいは、外部の温度や圧力の変化によって単に構造が変わっただけということもある。結晶作用のように、分子の立体構造が変化して力学的性質も変わるのだ。そうした現象がきわめてゆっくりと起こる時には、外形は保たれたまま、物理化学的な構造だけが変化する。その結果、外形と中身がまったく食い違うという思いがけないことが起きる。たとえば、セルロースの繊維がシリカ（二酸化ケイ素）に置き換わって木が石化する場合や、有機物の分子がさまざまな無機物に置き換わって、獣や魚の骨、貝殻が化石になる場合、あるいはまた、アラゴナイト（霰石）の結晶内部で、構造自体は保たれたまま、炭酸カルシウム分子が自然銅に置き換わっていくのもそうだ。これらは仮像（pseudomorphose）と呼ばれる現象である。pseudo-は「偽りの」とか「目を欺く」とかを意味するギリシャ語のpseudêsから、-morphoseは「形態の形成」を意味するmorphosisからきている。

社会の石化

　ドイツの哲学者、オスヴァルト・シュペングラーは、第一次大戦後まもなく出版された名著『西洋の没落』[82]の中で、この仮像の概念を社会現象に適用し、優勢な文化がもともとの外観を保ったまま、劣勢な文化によって徐々に変化していくさまを説明した。仮像という言葉をそういうふうに用いるのが適切か否かの判断はおいておくことにして、異なった領域の問題を論ずるのにわれわれもこの言葉を借用するとしよう。これから言及することは、認識論の問題になる——近年発展している「強い人工知能」や「汎用人工知能」といった分野が自らを人工知能と称している現象を、仮像という言葉を借りて説明したい。というのも、人工知能とは言いながら、これらの分野で語られていることは、本来の意味とはまったく別の内容、とりわけ、シンギュラリティ仮説に絡んだ内容であるからだ。

人工知能の歴史

「人工知能(artificial intelligence)」という言葉は、一九五五年、若き数学者、ジョン・マッカーシーによって初めて使われた。[83] マッカーシーは、同僚の科学者、マーヴィン・ミンスキー、ネイサン・ロチェスター、クロード・シャノンの三人とともに、大学の夏期講座の計画書を提出した。内容は、人間の認知機能を機械によって模倣するというものだった。計画書を読むと、この新たな学問の基礎となっていた原理がよくわかる。そこには、この研究が「学習をはじめとする知能のさまざまな働きの過程を精確に記述することで、知能を模倣する機械を製作することが可能になる、という仮説に基づいている[84]」と書かれている。

研究の科学的目標は、推論・記憶・計算・知覚など、知能のさまざまな働きをコンピュータで再現して、知能を理解することにあった。つまりマッカーシーらは、知能を秩序立った方法で基本的な機能に分解し、それぞれの機能を機械で模倣しようと考えたのだ。一九五五年といえば、最初のコンピュータが実現してから一〇年にも満たない頃である。よって、それは無限の探究の地平を切り開くもので、それまでになかった新しい科学の学問分野だった。つまり、最新の情報処理技術を利用して思考に関する実験をしようというのである。計画書には、研究の筋道がいくつか述べられていた。たとえば、新たなプログラミング言語の開発、アルゴリズムの性能の研究、ニューラルネットワークの数学的モデルの活用、創造性の解析とシミュレーション、抽象作用の研究、機械が自らの機能状態を検査しながら行なう自己学習のメカニズムを実現すること、などである。若干はSFの世界に影響されていたかもしれないが、マッカーシーらの狙いは謙虚なものだった。創造主に成りかわるつもりはなく、人間のコピーや超人を創り出そうというのでもない。彼らの目的は、あくまでも実証的で現実的なものだった。動物の知能であれ人間の知能であれ、認知機能を機械で模倣することで知能をもっとよく理解したいと考えたのだ。

その後の六〇年間で、この研究分野は未曾有（みぞう）の成功を収め、他のどの学問よりも世界を変貌させた。たとえば、インターネットはハイパーテキストを使って電気通信ネットワークを結合したことから生まれたものだが、このハイパーテキストも、人工知能技術を活用して、一九六五年に考え出された記憶モデルなのである。ウェブページを記述するための最初の言語、HTML（hypertext markup language）の名前にも、その名残が見てとれるだろう。ほかにも、音声認識、バイオメトリックス（生体認証）、顔認識、検索エンジン、プロファイリングやレコメンデーションなどの技術は、すべて人工知能の原理を応用したものだ。*まさに、人工知能によって、すべての人間活動が変化を遂げたのだ。産業用ロボットの導入によって労働が、コンピュータを活用した高速トレーディング（HFT）によって金融が、顧客に対するプロファイリングとレコメンデーションによって経済が、コンピュータを使ったシミュレーションや実験によって科学研究が、さらに、小型無人機ドローンによって戦争までもが変わったのである。

強い人工知能

こうして、一九五五年にマッカーシーらの研究プロジェクトが公表されるや、人工知能はすぐにさまざまな憶測を呼び、とりわけ哲学者らが反応をみせた。かつて、一七世紀から一八世紀にかけての啓蒙時代に、人間精神の理性化という動きが起こり、唯物論者で機械論者の思想家ジュリアン・オフレ・ド・ラ・メトリーが、『人間機械論』[85]という挑発的かつ先駆的な題名を冠した書物を著わしたが、マッカーシーらを批判する哲学者たちは、人工知能がこうした企ての延長線上にあると訴えたのである。さて、このプロジェクトは、先行する認知主義者たちのアプローチと同じ方向性を持っていた。マッカーシー以前に、認知主義の哲学者たちは、ヒラリー・パトナムなどを先頭に、人間の精神の働きとコンピュータの機能の間に類似性があることを指摘していた。脳と心理現象の関係は、ハードウェアとソフトウェアの関係に似ているというのだ。フランス語でも、ハードウェア「matériel」は「物質（matière）」から、ソフトウェア「logiciel」は

＊バイオメトリックスはフランス語でビオメトリー（biométrie）。ビオメトリーは特定の集団内での生物学的変異を研究する科学を意味するが、今日では同時に、指紋や声紋、DNA、虹彩、顔の形などの身体的特徴から個人を識別する技術の総体を指す。

プロファイリング（profiling）は、プロファイラー（profiler）から生まれた言葉で、プロファイル（profile）の分析を意味する。もともとは、犯人の心理や行動の特徴を推定する捜査技術のことである。ネットビジネスの世界へすぐに派生し、サイトを訪れる顧客の嗜好や購買活動を判断する手がかりとなるものすべてを指して使われるようになった。プロファイルはサイトを訪れる顧客の残した行動履歴と「いいね！」による賛同の意思表示から自動的に導き出される。

現代人は大量の商品を目の前にして、どうしてよいかと戸惑い、嫌気がさして購買意欲を失っている。専門家はそれを「選択の危機」と呼び、再び消費意欲を起こさせるために、顧客のプロファイルからそれぞれの欲求を予測し、それに合った商品だけを選んで提供する。これが、マーケティングでレコメンデーションと言われるものだ。レコメンデーションは人工知能技術を利用して自動的に算出される。

「理性（logos）」からきた言葉であり、そこにすでに類似性が感じられる。一九六〇年代に入ると、ジェリー・フォーダーが師パトナムのあとを引き継ぎ、認知主義の視点からの研究を続けた。フォーダーは、人工知能の研究では知能を分解して捉えていることからヒントを得て、「モジュール性」の理論を提唱した。精神はさまざまなモジュールが集まって構成されていて、それぞれのモジュールは異なった認知機能を受け持ち、相互作用を行なっていると説いたのである。

こうした認知主義の立場からのオーソドックスなアプローチに対して、他の哲学者たちからは異論が唱えられた。精神を一個のコンピュータに還元してしまうものだとして否定する者や、実体である脳の構造から独立した認知機能の存在を認めない者もいた。人工知能に対する痛烈な批判も巻き起こった。ただしそれは、人工知能という学問自体を槍玉に上げたものではなく、その基礎にあると思われる哲学を非難したものだった。たとえば、今から三〇年ほど前、ヒューバート・ドレイファスなどの哲学者が、多くの著作の中で執拗に一方的な攻撃を展開した。それは、人工知能を応用したさまざまな技術革新の成果にまで及んだ。ドレイファスらによると、伝統的西洋哲学は、プラトンから始まりハイデッガーの現象学に至るまで、二五〇〇年にわたってある誤った道を歩み、人工知能もその道をたどっているのだという。

86

一方、ジョン・サールや、ポールとパトリシアのチャーチランド夫妻、それに、スティーヴン・スティッチらは、もう少し穏やかな調子で批判した。四人の哲学者たちは著述の中で人工知能分野における過大な野心に対して疑問を投げかけ、人工知能を作っている物質的構造を考慮せずに、コンピュータ上で意識を再現できると考えるのは思いあがりだと訴えた。結局、人工知能を擁護する立場であろうと批判する立場であろうと、哲学者たちが問題にしたのは、実際に研究者やエンジニアが取りくんでいる研究活動というより、その向こうにある哲学的な思想だった。サールは有名な「中国語の部屋」論文[87]の前書きで、この思考実験の哲学的な狙いが、「強い人工知能」と、研究者やエンジニアが携わっている「弱い人工知能」を対比させることにあると述べている。彼は、弱い人工知能によって実現されたさまざまな成果には感嘆の念を禁じえないことを素直に認め、人工知能の現時点での成功や今後の可能性にはまったく疑問を挟んでいない。つまり、明確に実証的で技術革新に関わる科学分野と、それよりはるかに深遠な哲学的問題とをはっきりと区別したのだ。サールが異議を唱えるのは後者に対してだった。

サールが強い人工知能という言葉を説明の道具として使ったのは、一九八〇年代の初頭だった。この強い人工知能こそが、先ほど定義した人工知能の仮像である。なぜなら、強い人工知能とそもそもの意味での人工知能は、名前の上では似通って(にかよって)いても、目標も方法もまったく異なるものだからだ。かつて、コンピュータでシミュレーションを行ない、実験によって検証することに基礎を置いた科学の一分野であったものが、今では論証だけに基づいた哲学的アプローチとなっている。かつては、知能をコンピュータで再現可能な基本的機能に分解すると言っていたものが、今では、基本的な認知機能から精神や意識を再構成すると言っている。石化作用と同じで、強い人工知能もまた、弱い人工知能から、外見だけはそのままに、最初にあった構成要素をどんどん置き換えていくことでできあがったものなのである。

コラム——中国語の部屋

認知主義の哲学者らは、精神活動を、単なる記号の機械的操作と同じだと見る向きがある。ジョン・サールはこれが無意味であると証明するために、一九八〇年代初頭、「中国語の部屋」[88]と呼ばれる思考実験を題材とする論文を書いた。

場所は、中国か、少なくとも誰も英語を話さない国にある牢獄のような部屋で、中にはひとりのアメリカ人が入っている。アメリカ人はいかにもアメリカ人らしく、英語しか理解できない。牢獄の中には籠(かご)があり、中には、さまざまな漢字が書かれた陶製のタイルが入っている。部屋の一方の壁には小さな覗き穴があって、囚人は外の様子をほんの少し眺められる。小窓もひとつあり、囚人は小窓から外に向かって陶製のタイルを示すことができる。それからもうひとつ、大きな本があり、「外にこういう漢字が見えたら、こういう漢字を籠の中から見つけて、小窓のところで見せるべし」などという規則が書きつらねられている。本は最後に、食べ物が欲しかったら、この本に書かれた命令に速やかに従わなくてはならない、と囚人に通告する。

今度は、牢獄の外にいる中国人の立場に立ってみよう。漢字を書いて囚人に見せると、囚人はしかるべき漢字の書いてあるタイルを小窓のところへ持ってきて、質問に的確に答える。そうすると、われわれは囚人が完璧に中国語がわかるものと考えてしまうだろう。これを疑う理由はどこにもないからだ。ところが、サールはそうではないという。たとえ何年もの間、漢字のタイルを誤りなく選んで、外にいる相手としっかりやり取りできたとしても、牢獄に閉じこめられたアメリカ人はただの一語も中国語をわかっていない。囚人の行動は、厳密に定められた規則に従っているだけで、機械的なものだ。あるいは、言語学者でもあるサールの言葉を借りるなら、シンタクス（構文規則）的なものである。だが、囚人は決して、意味を把握することはできない。

この思考実験は哲学的議論に重要な役割を果たした。論理的規則にのっとった記号操作と考えられる人工知能の働きと、精神の働きを、単純に比較することに疑問を投げかけたのだから。とはいえ、この話は、実証的科学としての人工知能に価値がないと言っているわけではない。思考実験「中国語の部屋」を発表した論文の中で、サールは工学としての人工知能を全面的に評価している。そして、そのために「弱い人工知能」と「強い人工知能」とを区別しているのだ。サールが「弱い人工知能」と呼ぶのは、素晴らしい機械を作り出すのに使われるエンジニアの人工知能である。一方「強い人工知能」とは、シンタクスを使って記号を操作し、意識をはじめとする精神のさまざまな機能を再現しようとするものだ。そんなことは不可能だとサールは言う。なぜなら、精神の産物は、記号よりも繊細な「肌理(きめ)の細かさ」で成り立っているからだ。それを生み出すには、複雑な化学反応の過程を再現しなければならない。「中国語の部屋」の思考実験が明らかにしているのは、そういうことである。しかし、サール論文から二五年が経った現在、皮肉なことに、またしても「強い人工知能」ということを言いだし、臆面もなくそれを実現できると主張するエンジニアらがでてきたのだ。

汎用人工知能

サールが強い人工知能という言葉を使ってから数年のうちに、この概念は大流行したので、人工知能すべてが強い人工知能だと思いこむ人たちも現われてきた。特に、この言葉の生まれた経緯を顧慮しない哲学者らは、強い人工知能に対して、最初の人工知能の大きな夢と、記号操作のみで情報を処理する初歩的な方法を言い表わすのに、「古き良きAI（GOFAI、good old-fashioned artificial intelligence）」という言葉を作り出した。

続いて、一九八〇年代の末には、ロボット工学者のハンス・モラヴェックなどが強い人工知能のアイデアを借用し、改良型の人工知能（一九七〇年代に提唱されたフランス料理の新しい調理法である「ヌーヴェル・キュイジーヌ」をもじって「ヌーヴェルAI」と呼んだ）があれば完璧な知能を備えた機械が製造できると主張して、SFに登場する人工知能マシンに影響を与えた。

さらに数年が経ち、二一世紀の初めになると、汎用人工知能（AGI、artificial general intelligence）と呼ばれる新しい考えが生まれた。間違っても、六〇年前に生まれた最初の人工知能（AI）と混同してはいけない。新たな提唱者はベン・ゲーツェル、マーカス・ハッター、ユルゲン・シュミットフーバーなどで、彼らは、物理学が数学を拠り所にしているのと同じように、人工知能を厳格な数学的基盤の上に打ち立てようとした。そのために、一部の研究者はコルモゴロフの複雑性理論やレイ・ソロモノフの帰納推理理論の力を借りた。コルモゴロフ複雑性とは、万能チューリングマシンを使って任意の文字列を出力するための最小のプログラムの長さのことをいい、ソロモノフの帰納推理は、コルモゴロフ複雑性に基づいて予測の最適化を行なうものである。こうした人工知能の「賢者の石」の力を借りて、コルモゴロフ複雑性でいう観察データの究極的な圧縮を施し――オッカムの剃刀(かみそり)（より単純であることを是とする考え方）的な考え方だ――あらゆる形の機械学習を公式化しようというのだ。彼らはこれによって、知能を総合的に扱う科学の基礎が築けたと断言している。このほかに、それとは異なる機械学習の原理に基づいて、理論を展開している研究者たちもいた。たとえば、深層学習（ディープラーニング）と呼ばれる、ニューラルネットワークの数学的モデルによる学習や、強化学習などである。汎用人工知能の提唱者らによれば、基礎となる数学定理はすべて証明済みなので、理論的には完全な人工知能の実現を阻むものはなく、あとは物理的な機械の演算能力と記憶容量次第だという。

ここでもまた、人工知能という概念の仮像が生じていることを指摘しておきたい。知能をいくつかの要素に分解して、それぞれの機能のシミュレーションを行なうという実証的なアプローチが、いつのまにか知能に関する一般的な数学理論に取って代わられたことはこれまで説明してきたとおりだ。とはいえ、強い人工知能と汎用人工知能は同じものではない。前者が哲学的研究を起源とするのに対して、後者は理論物理学者らの研究から誕生したものだ。汎用人工知能は強い人工知能のアイデアを借用しているとはいえ、強い人工知能が、元はといえば哲学的議論だけを根拠にしているのに対し、汎用人工知能はかなり難解な数学理論や情報技術に基づいている。

こうした違いにもかかわらず、今日、強い人工知能と汎用人工知能の推進者らは、互いの主張に細かな食い違いはあるものの、手を結びあい、シンギュラリティの提唱者とも多くの視点を共有し、協力しあっている。ゲーツェル、ハッター、シュミットフーバーをはじめとする大勢の人々が、シンギュラリティ・サミットに参加し、トランスヒューマニストのさまざまな団体に関わっているのである。

コラム——コルモゴロフ複雑性

コルモゴロフ複雑性とは、あらゆるデータを、そのデータを生み出すことのできる最小のプログラムの長さで表現したものである。名前は、ロシアの数学者アンドレイ・コルモゴロフ（一九〇三‐一九八七）からつけられた。例として、ふたつの文字列C_1とC_2を考えてみよう。どちらも三二文字の英数字からなっている。

C_1＝《abababababababababababababababab》

C_2＝《3rs8fia09cdwg4p98fg4rexvtaz3xyvq》

フランス語でC_1を生成する短い指示文を書くことは簡単だ。《一六回abを繰り返す》とすればいい。それに対して、C_2を生成する簡単な指示文を書くことははるかに難しく、文字列C_2自体をコピーするしかないだろう。それゆえ、文字列C_1は文字列C_2よりも単純に思われる。この直感を公式化するために、任意の万能プログラミング言語Lを考えよう。さらに、あらゆる文字列について、この言語で書かれた、その文字列を生成する最小のプログラムの長さを計算することができると仮定する。それには、言語Lで書くことのできるすべてのプログラムを最も短いものから順に列挙していって、複雑性を測定しようとしている件の文字列を生成するプログラムが出てきたところで止めればいい。もちろん、そのプログラムの長さは、与えられたプログラミング言語Lによって異なる。しかしながら、プログラミング言語が変わっても、最小のプログラムの長さの違いは定数の範囲に収まることが証明されている（不変性の定理）。コルモゴロフ複雑性はアルゴリズム情報理論に属する。これは数学と理論情報学の間に位置する研究分野で、一九六〇年代の初頭から研究が始まった。まず、レイ・ソロモノフの帰納推理理論の研究があり、続いて、六五年にはコルモゴロフの研究が、六八年にはグレゴリー・チャイティンの研究が発表された。今日、コルモゴロフの理論は、情報圧縮や帰納統計推論や機械学習に関する数多くの理論的考察の基礎となっている。最小メッセージ長ＭＭＬ（minimal message length）や最小記述長ＭＤＬ（minimal description length）などの原理はその例である。

もうひとつの仮像、グノーシス

強い人工知能と汎用人工知能が仮像であるのと同じように、グノーシス主義もまた、ハンス・ヨナスによって仮像としてとらえられている。ヨナスは、その著書『グノーシスの宗教』[89]の中で、前述のシュペングラーに言及しながら、グノーシス主義は一神教の宗教、特にキリスト教とユダヤ教における仮像であると書いている。グノーシス主義と人工知能の問題が似ていると言えば、意外に思われるかもしれない。両者の属する領域はまるで異なる。片や、宗教やグノーシス派に共通する精神の領域、片や、二一世紀最先端の科学やテクノロジーによって切り開かれた新しい地平だ。一見、何も共通点がなく、時代もかけ離れているように思われる。社会背景も異なる。一方は中東の古代世界、来世の存在が人々の生活の基盤になっていて、経済は主に農業と牧畜で成り立っていた。もう一方はグローバル化した情報社会であり、暮らしも個人に対する社会の影響も人間の希望もまったく異なっている。さらに、グノーシス派の知識とシンギュラリティの学説の社会的地位も違っている。一方は、限られた信者に伝授される秘密の教義。もう一方は、現代で最も影響力を持った団体や組織の支援を受け、強力な広報活動によって広く伝播される仮説としての知識だ。

それでも、これから見ていくように、グノーシス主義と一神教の宗教との関係に見られる特徴は、シンギュラリティと現代科学の関係を理解する上で役に立つ。ただその前に、ここで一部の外国の科学者たちを揶揄するつもりはまったくないことを断っておきたい。彼らが標榜する精神についての学説と、神秘的で難解で諸教の混淆した信仰と言われるグノーシス思想との見かけ上の類似を指摘して皮肉るつもりはない。その点で、これから書くことは、レモン・リュイェが一九七四年に書いた風刺エッセイ「プリンストンのグノーシス」[90]とは何の共通点もないのである。リュイェは、物語の必要上場所にプリンストン大学を選んだにすぎない。そこにいるアメリカ人の哲学者や科学者をからかったというより、むしろ、六〇年代カルチャーに沸き立つ北アメリカのキャンパスについて、フランスの一部の知識層が自分勝手に思い描いているイメージを嘲笑しただけのことだ。だがその一方で、グノーシス主義の精神性のいくつかの側面と、シンギュラリティの学説の顕著な特徴とが似ていると指摘すること自体は、有意義なことだと思っている。そうすることで、シンギュラリティの本質と究極の目的をよりよく理解できるからだ。そのために、まず、グノーシス主義の主だった特徴をおさらいしておこう。

グノーシス主義はギリシャの哲学思想や中東の一神教、主としてキリスト教とユダヤ教から多大な影響を受けている。それらと混同されることもあるくらいで、ハンス・ヨナスが仮像と呼んだのもそのためであった。さらに、それ以外にも、以前からあった伝統的な神秘思想、とりわけエジプトやバビロニアの魔術的信仰や、マズダ教あるいはゾロアスター教と呼ばれるペルシャの宗教の二元論の影響を受けている。しかしながら、一神教やギリシャ哲学とは異なり、グノーシスでは単一性を追求しなかった。唯一の神やただひとつの原理しか認めないのではなく、根本的な二元性の存在を主張した。一方には、至高の存在＝真実の神が隠されており、もう一方では、偽りの神＝簒奪者が造物主（デミウルゴス）となり、真実の神を欺いて秘かに世界を創造したということになっていた。そのせいで、この世のあらゆる誤りや欠陥が生まれ、それが原因で、われわれはさまざまな悪や苦痛に苦しみ、死すべき運命にあるのだ、と。われわれが暮らしているこの世界は見せかけの代用品にすぎず、グノーシス主義者たちが「プレーローマ」と讃える完全な存在に至るには、なんとしてでも正さなければならないのだ。そのためには、偽りの神が支配する世界から逃れ、権威から自由になり、支配と決別しなければならない。この救済は、幻影を振り払ってくれる秘密の知恵を獲得することによって可能となる。それこそが、隠された真の神の世界へ入るための知識なのである。これは、グノーシス（gnose）の語源がギリシャ語で「知識」を意味するgnosisであることからも明らかだ。真実の存在になるためには、特別の知識が不可欠なことを意味している。物質的な手段を用いる試みはことごとく徒労に帰するだろう。なぜならそれは、偽りの神の創ったにせものの世界に加担することだからだ。

このグノーシスの知恵は、ギリシャの哲学思想のように、論理的な思索を重ねていくことで得られるものではない。あるいは、キリスト教やユダヤ教の神学のように、啓示や神託のような超自然的な基点から出発して論理によって導き出されるものでもない。これは物語から生まれるものだ。したがって、ロゴスではなくミトス[91]の世界に属するもの、論理を展開することではなく物語ることから生まれるのである。物語は、どうやって偽りの神の欠落した世界から逃れ、真実の神を招来したらいいのかを教えてくれる。どのような手法や儀式や行為によって、偽りの神の支配を終わらせ、完成に到達できるのかを、信者に示す。

それは、決定的な離脱、元には戻らない断絶、永遠の決別として、突然やってくるのだという。日常の流れの中でいきなり生じた特異な襞が、それ以前を偽りの神の御代に、それ以後を至高の神の御代に、大転換させてしまうのだ。したがって、グノーシス思想における時間[92]には、あと戻りということはありえない。古代の人々が信じていた円環としての時間、とりわけ、古代ギリシャの永劫回帰する時間と似たところはない。さらに、キリスト教やユダヤ教のような歴史上の宗教の時間とも違う。キリスト教の時間もユダヤ教の時間も世界創造の神話から始まり、キリストが再臨し死者が復活する最後の審判で終わる。その間には、もちろん、さまざまな奇跡の物語、啓示、預言者の登場や教えの伝道に彩られた時間が経過するが、全体としては直線的な流れだ。グノーシスの時間はまた、ただ積み重なっていくだけの、現代のわれわれの進歩する時間とも明らかに異なっている。要するに、グノーシスの時間は、それだけが救いの解体をもたらすという突然の破断の周りに畳まれ、折り曲げられ、強直した時間なのだ。

では、以上のことをまとめてグノーシス思想の四つの特徴を抜き出してみよう。第一に、不完全な世界の元凶である偽りの神とそれに支配力を奪われた真の神との対立、第二に、ロゴス（論理）よりミトス（物語）を重視すること、第三に、精神と物質を完全に分けて考える二元論、そして最後に、やがて大異変が訪れ、時間の断絶を経て真の神の世界が到来するとしていることである。

グノーシスから読み解く

これら四つの特徴は、シンギュラリティの提唱者たちの主張にも同様に見られるものだ。だからといって、これが古代のグノーシス思想と同じだと言っているわけではない。時代も状況も内容もかけ離れすぎている。それに言うまでもなく、両者を同一視してもたいした意味があるわけではない。その一方で、この四点について比較対照することで、シンギュラリティの理論を距離をおいて検討し、その意味と重要性を理解できるように思える。そのためには、グノーシス思想と一神教宗教との対比を、シンギュラリティと科学理論の対比に移し替えてやればいい。それは、仮像という考えに注目することで容易になる。グノーシス主義に対する一神教宗教の関係にも、シンギュラリティを促進する汎用人工知能や強い人工知能などに対する理論や科学としての人工知能の関係にも、同じように仮像という現象が見られるからだ。

救いとなる知識

まず、グノーシス主義者とシンギュラリティ提唱者の第一の類似点は、あるがままの自然を否定し、自然を変えなければならないとしていることである。両者ともに、自然は不完全だから、精神がその大望を実現し飛躍を遂げることができるように、正してやらなくてはならないと主張している。これを補い膨らませているのが、隠された知識が存在するという考えだ。隠された知識とは、この場合、無器用な造物主の失敗作である自然を正し、乗り越える道を教えてくれる、隠された進化の法則である。すでに見てきたように、レイ・カーツワイルは、ムーアの法則を情報技術以外にも当てはめている。これが、物質界に始まり、次いで生物界、それから人間の文化、さらにはテクノロジーの自律的発達までを支配する一般原理だというのだ。自然の闇の力に対抗するこの精神の偉大な闘いの歴史の中で、世界は六つの大きな段階をたどり、各段階にはそれぞれ支配的な状態が存在する。第一の段階は粒子や物質の世界。第二の段階では生命が誕生した。第三の段階では知性のある動物、第四の段階では人類、第五の段階では生命とテクノロジーの結合、そして最終段階では、自律して自ら進歩するようになったテクノロジーという形で、精神が祭りあげられるのだという。

こうしたムーアの法則の一般化を科学的に証明することは、おそらくできないだろう。なぜなら、いずれも再現不可能な出来事ばかりだからである。だが、そんなことは構うものか、とカーツワイルは言う。実際にそうなっているのだから。過去を振り返ってみれば、絵を見るように明らかなことではないか、と。物理学や生物学、人類学といった実効性のある科学やさまざまな理論のほかに、あたかも別の次元の知識――宇宙の秘密をあばき、精神を自然の枷(かせ)から解放して花開かせてくれる知識――が存在しているかのように、すべての物事は進行しているのだ。そうした観点から見れば、自然科学の有効性の及ぶ範囲は、シンギュラリティに近づくにつれて限界に達することが想像される。その時、自然の法則が課していた制約から世界は解き放たれ、普通の生物は、テクノロジーと人間がハイブリッド化した新たな生命の形態に道を譲ることになるだろう。そして、新たな生命は、人間や物質や人間以外の生物とは独立して羽ばたき、最終段階では、テクノロジー自体も影が薄くなって姿を消し、純粋な精神に取って代わられるのである。

こうなってくると、テクノロジーの力を借りて自然に挑戦し、不完全な自然の法則を正すという進化の法則と、真実の神が到来して偽りの神の過ちを正し、宇宙の秩序に占める本来の地位を取り戻すという教えとの間に、類似性を見出さずにはいられないのだ。

ミトスとロゴスの混合

このシンギュラリティとグノーシスの思想との第一の類似点からは、ただちに第二の類似点が導き出される。それは議論の進め方が似ていることである。論理を重んじる思想では、一般に、寓話や伝説の世界に属するミトスと、命題を論理的に積み重ねて論証するロゴスとを対立させてとらえているところを、グノーシス思想では、ふたつを一緒にして、まるごと広大な宇宙的物語の中へ取りこんでしまう。それと同じように、科学では、実証的実験や数学的証明に基づいた論理的議論と、小説家や映画作家の想像の産物をはっきりと区別しているが、シンギュラリティの思想家たちは、両者をひとつの大きな物語の中にひっくるめてしまうのである。

結局、カーツワイルが著書[93]で熱っぽく語っている進化は、科学というよりは明らかに物語の範疇に属するものだ。すでに見てきたように[94]、ムーアの法則は観察のみによる結果であり非常に大雑把なものなので、まったく普遍性がなく、これを自然界全般の進化に当てはめることには戸惑いを感じてしまう。なぜなら、進歩のリズムを段階によって比較することは、当然ながら、指標となる段階の選択に左右されるからだ。カーツワイルの場合は、まったく恣意的に選んでいるようだ。しかも、この進歩のチャートを作りあげる指標には異質なものが混在していて、統一性に欠けているような気がする。ここでもう一度、カーツワイル自身が選んだ雑多な指標を列挙してみよう。なお、著書にある別の図表から抜粋したもの[95]を先に挙げたが、それとは若干異なっている。

銀河の誕生、地球上の最初の生命、最初の真核生物、最初の多細胞生物、カンブリア紀の種の大爆発、最初の被子植物、小惑星の衝突、最初のヒト科動物、最初のオランウータン、人類とチンパンジーの枝分かれ、最初の石器、ホモ・サピエンスの登場、火の使用、人類のDNA型の分化、現生人類の登場、旧石器文化と文字の原型、農業の発明、火をおこす技術、車輪の発明と文字の出現、民主主義の誕生、ゼロと小数の発明、ルネサンス（印刷機の発明）、産業革命（蒸気機関の発明）、現代物理学の誕生、DNAの構造の解明、トランジスタの発明と核エネルギーの利用。[96]

ところで、その他のシンギュラリティ支持者の著作をざっと眺めてみても、どれもカーツワイルと変わりがない。たとえば、ヒューゴ・デ・ガリスは、人類をはるかに凌ぐ人工知性「アルティレクト」をめぐる賛成派「コスミスト」と反対派「テラン」との戦争の様子を描いているし、ニック・ボストロムは機械のスーパーインテリジェンスの寓話を語っている。人を食らって増殖する灰色のゼリー状生命体の話を書いたビル・ジョイもまたしかり。彼らはこのように、論理的かつ厳密に論証することより、物語の要請に応えた議論を展開している。

それ以外にも、全般的に、科学とSFがそれぞれの論理的・時間的関係を入れ替えたかのような状況になってしまった。今ではもう、科学者もエンジニアも自分たちの研究の動機をSFの中に求めている。元来はその逆が普通であって、科学の成果が小説家や映画作家の想像の糧（かて）となっていたというのに。シンギュラリティを題材にした物語はかなり早い時期に、最初のコンピュータが誕生した直後に登場した。それはコンピュータの威力を誇張した話だった。古くは一九六〇年代のアーヴィング・ジョン・グッドの著作、いや、それ以前の五〇年代にも、数学者スタニスワフ・ウラムの作品があった。アイザック・アシモフの初期の短篇もこの時期に書かれている。次いで、八〇年代、九〇年代になると、ヴァーナー・ヴィンジがシンギュラリティを題材にした数々の作品を書き、もはやシンギュラリティが使い古され、ありきたりなテーマになったことがうかがえる。[97] かつてSFに登場するシンギュラリティの話は、テクノロジーの発達を題材にしたものだった。しかし、今日の状況は逆になっている。科学者、ことにエンジニアたちは、頻繁にSFをモデルにするようになってきている。トランスヒューマニズムを代表するレイ・カーツワイル、ハンス・モラヴェック、ヒューゴ・デ・ガリス、ケヴィン・ワーウィック、石黒浩（いしぐろひろし）*やビル・ジョイらの発言に耳を傾ければ、この逆転現象は明らかであろう。

そうなった原因の一端は、ロバート・ゲラチが、その著書『終末のAI』[98]でいみじくも指摘したように、夢をもたらし人々をわくわくさせるプロジェクトを優遇するような研究費の支給方式にある。研究分野の選定を民主化しようとすると、得てして、大衆への説明がわかりやすく、想像力を刺激するという理由だけで、そういった研究に資金を支給するという結果に陥りがちだ。たとえ研究目標が実現不可能であったり、無意味なものに思えたりしても、である。そのいい例が「人間頭脳プロジェクト（human brain project）」だろう。当初この計画は一〇億ユーロを超える（正確には一一億九〇〇〇万ユーロ）資金援助を受けて始まった。その大半はEUによる出資だった。二二の国と九〇以上の研究機関が参加し、二〇二四年までに人間の脳の機能をスーパーコンピュータでシミュレーションする予定であった。だが、計画が始まった翌年の二〇一四年に、欧州委員会に宛てた、一〇〇名以上の研究者が署名した公開状[99]が大衆紙に掲載されたのである。公開状は、プロジェクトのガバナンスの問題、目標の妥当性[100]、そして、途方もないコストを人々に訴えるものだった。

とはいえ、研究資金獲得の理由だけでは、科学とSFの世界との混同を説明しつくすことはできない。雑誌にせよ学会にせよ、節度と厳密さを何よりも重視する発表の場ならば常にあるのだから。しかるに、シンギュラリティの推進者の多くは、SF発祥の夢物語と科学やテクノロジーの研究成果に基づくプロジェクトの実現とを混同しているようだ。この事実は、グノーシス派に見られる神話の領域と論理的思考の領域の混同を思い起こさせる。

根源的二元論

シンギュラリティを支持するさまざまな主張を究極まで推し進めるなら、いずれも極端な二元論に行きつく。それはグノーシス思想の根源的な二元論と対をなすものだ。どちらの場合も、精神がその存在を完全に開花させるためには、物質世界から完全に離れなければならない。グノーシスの思想ではそれが、感覚世界を造った偽りの神と純粋な

＊　大阪大学知能ロボット学研究室（石黒研究室）を主宰。教授は二体のアンドロイドにそれぞれ自分自身と娘の髪の毛を移植し、同じ外見を与えて、自分たちそっくりの複製を作り上げた。

存在である至高の神との対立から自ずと導き出される。偽りの神の世界から逃れたいと思うなら、堕落の源（みなもと）である物質から自由にならなくてはならない。堕落は物質とは切り離せないのだ。したがって、感覚世界から脱するには、物質と精神の完全な乖離（かいり）が不可欠である。

一方、シンギュラリティ仮説の描く未来像では、機械はやがて人間の脳を上回る能力を手に入れ、われわれの意識をアップロードできるようになるという。そうなれば、もはや細胞の老化という避けられない運命を受け入れなくともよくなり、幸運にして恩恵にあずかれる人々は、不死とはいかないまでも、大幅に寿命を延長することができるようになるだろう。つまりこれは、われわれの精神が肉体から完全に分離することを意味する。肉体からまったく区別された、自律した存在になるのだ。これほど極端な二元論がほかにあるだろうか。

今日の主流となっている考え方からするなら、このような二元論はいささか驚きである。なぜなら、現代の科学、特に認知科学は、われわれの思考をはじめ、高等な知能の働きを決定しているのは基本的な物質であるということを、暗黙の前提としているからだ。シンギュラリティの提唱者たちも、こうした現代科学の思想を受け継ぎ、認知科学の実証主義に根ざした筋金入りの唯物論者である。したがって、物理的過程と無縁ないかなる説明も受けつけない。その一方で、逆説的ではあるが、脳との物質的なつながりをすべて断ち切っても、こうした過程はすべて情報システム上でまったく同一に再現することができると考えている。それゆえ、精神は、それを生み出し育んできた生理学的基盤とは独立して、コンピュータ上で生き続けることができるとしている。結果、精神は物質とはまったく切り離された、別々の存在になる。つまり、シンギュラリティも現代科学の一部である以上唯物論からは逃れられず、結果として、極端で矛盾した二元論に陥らざるをえないということだ。

時間の断絶

さて、シンギュラリティの時間概念には、その一点を超えたところに精神が解放される断絶点があり、それは恐れと希望が集積する不連続点として現われる。そもそもシンギュラリティ（特異点）という言葉からして、破綻を招く臨界点を連想させるではないか。そしてその瞬間を超えると、人間は機械と融合して変貌し、日常の時の流れの外に出て自らの運命を変えていく。その一瞬から、人間は別の時間を手に入れる。もはや堕落もなく老いもなく、不死に近づくことのできる新しい時間だ。

ここにグノーシスの時間との類似を見出さずにはいられない。グノーシスの時間もまた、日常の時間の流れからの離脱と救済となる断絶、すなわち、その断絶の後に人間は偽りの神の支配を逃れて真実の神の世界に入ることを許される、という考えに基づいている。どちらの場合においても時間の構造は破断し、その破断点の先では、少なくともこうした変化を利用する術を心得ている人にとっては、人間を支配する物質界の法則が変わることになる。当然のことながら、こうした時間の概念は従来のものとは違う。古代世界の時間、円環としての時間、キリスト教やユダヤ教の時間、あるいは、現代科学の等質な時間とも異なる。シンギュラリティの支持者たちの一人ひとりが科学技術の進歩という観念の継承者であり権威者であることを考えるなら、彼らの考える時間が現代科学のそれと異なるということはいささか意外である。そこで次章では、シンギュラリティ仮説の背景となっている時間の構造についてさらに掘り下げていきたい。

第六章　来たるべき未来

人間不要の未来

「なぜ未来はわれわれを必要としなくなるのか」[101]——サン・マイクロシステムズの共同創業者のひとりであるビル・ジョイは、二一世紀に入って間もなく、このように題した論文を発表して警鐘を鳴らした。この論文はかなりの反響を呼んだ。それ以前にも以後にも、大勢のジョイのような人々、すなわち、ITという概念の普及に貢献し、現在の世界規模での情報技術帝国を作りあげた人々が、今になって、まどろんでいるわれわれの意識を目覚めさせるために弔鐘(ちょうしょう)を打ち鳴らすようなそぶりを見せている。各人の表現ぶりに若干の違いはあるものの、繰り返し聞こえてくるのはひとつのことだ——情報技術の発展が頂点に達した時、目の前には深淵がぱっくりと口を開き、大きな危険に見舞われる。このジョイの声明の中で注意を引くのは、未来はもうわれわれを必要としなくなるかもしれない、とはっきり述べていることである。未来に関するジョイのこの発言は、そのほかの同様の動きに呼応するものだった。たとえば、ハンス・モラヴェックの著書『電脳生物たち』[102]や、未来予測に熱心に取り組んでいるふたつの研究所が挙げられる――ひとつは二〇一五年に公開状を発表した未来生命研究所[7]で、ここに、自分たちの研究の成果に不安を覚えた人工知能の専門家たちが署名している。もうひとつはオックスフォード大学の人類の未来研究所[8]で、その名前だけを見ても、人間を超える存在をめざしていることがわかる。

「未来はもうわれわれを必要としなくなるかもしれない、いや、必要としなくなるだろう！」――この主張を文字どおり受けとめると、その真意は問わないとしても、やはり困惑せざるをえない。ここで言う未来とは、いかなる意味での未来なのか。伝統的な哲学は、特にドイツの哲学者・数学者であったライプニッツ[103]は、未来を必然的未来と偶然的未来のふたつに区別した。必然的未来とは人間の働きかけがなくても確実に起こるもので、なぜならそれは堅固な自然の法則に支配されているからであるという。一方、偶然的未来も確かに起こるのだが、「それが起こることはあり得ないとされていても、人間が働きかければ起こりうる」[104]未来ということになる。

ジョイたちの言う「未来」が必然的未来のことであれば、その主張は、意味のない無駄な言葉の反復にすぎないと言えよう。なぜなら、未来はわれわれとは無関係に必ず訪れ、物質的な因果関係という、侵すことのできない法則に支配されているからである。そうではなく偶然的未来のことであるとするならば、その主張は暗にこう言っているのと同じだ――人間の意志ではもうどうにもできない、われわれは何の働きかけもしない、人間の自由は消え去る、運命の神の手にもてあそばれるしかない。なるほど、自由意志の問題の提起や、物質的必然性と全能の神の間で意志が働かなくなるという矛盾に関する議論は、ずっと以前からなされている。

それゆえ、この声明で驚かされるのは内容ではない。そうではなく、こうした声明を出しているのが技術者や科学者たちだということだ。なぜなら彼らは、人間こそが自然を意のままに従わせることによって自らの運命に責任を持つ存在である、とする啓蒙主義に始まる合理性を重んじていたはずだからだ。彼らによると、人知を超えた力による保護からの解放と、自然に対する合理性の優位という、これら近代に始まる特徴がまもなく終わりを迎えるのだという。この考えそのものは目新しいわけではない。こうした主張は、異なる分野のほかの著者たちのものとほとんど変わらない。他分野の著者たちは、はっきりとトランスヒューマンやシンギュラリティという説を主張しているわけではないが、結局似通った仮定にたどり着いている。たとえばポストモダン哲学では、ジャン＝フランソワ・リオタールの『ポスト・モダンの条件——知・社会・言語ゲーム』[105]という著書が、そうした主張を表明したものとして名高い。もっと新しいところでは、欧州委員会が後援し出資しているオンライフという研究グループが、委員会の公式サイト上で声明文を発表し、類似の主張を繰り広げている[106]。それによると、近代以降の特徴というのは自然の神秘を解明する試みであったわけだが、それが今、終焉ではないにしても、少なくとも曲がり角に達しようとしているというのである。声明文から一文を引用してみよう。「……情報化時代のメリット・デメリットによって、近代という時代のいくつかの前提が危険にさらされている」[107]。この、近代性が終焉を迎えるという主張は、月並みであるにもかかわらず、より支持を広げようとしている。が、この問題にはここでは触れないでおこう。

おかしなことは先に説明したこと以外にまだふたつある。ひとつは、彼らにとっては異議を唱えること自体に意味があるように見えるということだ。だが、これから何が起ころうと運命はもう決まっていて、未来はもうわれわれのものでないというのなら、意見表明することに何の意味があろうか。状況の受け入れ宣言であるにしても、行動を起こすよう暗に促しているにしても、どんな主張も告発も、自分たちの描いた諦めの早い運命論的な状況に反対しているではないか。今進行している事実に対する抵抗を、公に、誠実な（少なくともそう見える）態度で表明し、しかもその中で暗に行動を促しているのであれば、それは、いずれやってくると予告している進化は避けられない性質のものではない、ということではないか。

おかしなことのふたつ目は、この説を主張する個々人の経歴である。彼らが名声を得たのは自らの英知や思索によってではなく、活動家として、企業家として、あるいは技術者としてであり、中にはすべてを同時にやってきた者もいる。それゆえ、ヒトやモノを動かしてプロジェクトを実施し、自らの意志を実現することに成功したこの人々が、どんな意志の力も無力で、自由は終わりだと宣言するなどとは、少なくとも、おかしなことだと思わざるをえない。

よって、この章ではこうした疑問を通して分析をさらに進め、この未来についての予言の意味や社会的な位置づけをはっきりさせていくことにする。その前に、これから必ずやってくると言われている件（くだん）の未来と、先人たちが予測した未来とを比較する意図で、ドイツ人の歴史家ラインハルト・コゼレックがその著書『過ぎ去った未来』[108]の中で述べたように、未来には過去があること、そしてまた未来は多くの想像を引き起こすものだということを指摘しておこう。歴史が進むにつれて予言の手法は進化し、徐々に数字や科学的手法が用いられるようになった。変化は今も続き、現在はビッグデータと呼ばれる大量の情報が用いられているので、このことについても言及していきたい。そして次節では、未来予想図そのものが時間とともに変化していったこと、ずっと「未来」という言葉に縛られたまま、今もまだ変化し続けていること、そしてそのことが、来たるべき未来に新しい表情を与える一方、奇妙な既視感も同時に与えているのだということを論じていくことにしよう。

予兆vs.計算

予言の歴史

古代の世界では、未来を予測するためにあらゆる種類の予兆を駆使して占いを行なっていた。夜は星座を観察し、鳥の飛翔を気にかけ、贖罪(しょくざい)のいけにえとなった動物の内臓を調べ、巫子(みこ)やそのほかの預言者の言葉を注意深く解き明かした。夢もあらゆる占いの対象となった。予兆による占いや鳥占いなど、占いの数が増えてくるとそれぞれの結果が相反することもあったが、その場合は、厳密な観察によってより多く一致する結果を採択したり、あるいは、トランス状態や混沌とした夢見の状態にある占い師の目で予知された光景を採択したりした。いずれの場合もそこにあるのは、確実性ではなく信仰に近いもので、それは先人から引き継いだ伝統的な知識に対する信頼であり、また漠然とした未来の予兆を自然の中から見つけ出せるという信念でもあった。

ユダヤ教、キリスト教、イスラム教といったアブラハムの宗教の時代になると、卜占官（ぼくせんかん）や鳥占い師、腸卜官（ちょうぼくかん）といった霊感を受けた預言者たちが、予兆を解釈して予言するだけにとどまらず、神の意志を啓示し、未来を予告するようになった。預言者たちは、卓越した霊感に導かれた者、聖なる言葉や、天国への扉を開く啓示をもたらす者としてふるまった。時代が進み中世になると、女も男もみな黙示録のことが頭から離れず、キリストの再臨やこの世の終末を示す予兆がないかと、注意深く目を凝らした。

結局、古代から中世の終わりまでの数世紀にわたる未来予測というのは、キケロが『予言について』という論説の中で述べているように、ひとつには、さまざまな出来事の間の関係性をしかるべく洗い出して相関関係を見つけることであり（キケロはそれを科学と呼んだ）、もうひとつは、特別な予知能力を持つとされる少数の人々が、声高に神託を述べることだった。

予言には、科学的な側面を持つものと、科学とは無縁のものの二種類があるという人々の意見に賛成だ。過去の観察結果に基づいてこれから起こることを予測する場合は、科学的な手順を踏んでいると言える。一方、それとは逆にまったく科学的でない人々は、何の手法も持たず、しかるべく観察し記録した予兆を検討することもないまま、精神的な興奮状態にある時や、感情が衝動的で制御不能になった時に、未来の予言を行なっているのである。これは夢を見ている人にしばしば起こることであり、また、錯乱状態で予言を行なう者にも時々起こることだ。たとえばボイオティアのバキス、クレタ島のエピメニデス、エリュトライのシビュラなどがそうである。[109]

近代に入ると、予言に対する絶大な信頼は影を潜め、徐々に計算によって未来を予測するようになった。そうはいっても、未来は予測どおりに進むだろうとのんびり構えていたわけではない。災難に備えるために、あらゆる可能性を考慮に入れて合理的な研究を行なったのである。マキャヴェリは『君主論』の中で、君主に向けて、未来に対するこうした新たな見方を提案している。つまり、吉兆を探すにとどまらず、予測される事態をすべて、臆することなく大胆に検討していくよう進言したのだ。

その後、選択によって起こり得る結果を、すべて合理的に検討してゆくという考え方は、人間の活動全般に及ぶようになった。だからといって、近代以降の人々にとって未来が確定したものになったというわけではない。まったくその逆で、むしろ合理的な予測手段があるからこそ、運命だと諦めたり、気ままな運命の予兆に屈したりすることなく、自由に挑戦し、自らの意志で物事を決めることができるようになったのである。

科学と予言

時代とともに、人々は計算に基づく未来予測を強く望むようになった。そして一七世紀以降、確率の計算といった新たな手法が導入された。さらには、ゲーム理論、モデル化、情報シミュレーションと続き、今ではビッグデータと呼ばれる膨大な情報を処理する手法が取り入れられている。だが驚くべきことに、これほど数多くの手法を用いているにもかかわらず、以前と比べて未来予測がより可能になったかといえば、自然科学の分野においてさえ、そうとは言えない。予測が難しいのは複数の要因が絡み合っているためだが、その最も大きな理由は、われわれが予測しようとしている自然現象や社会現象が複雑だからだ。

普通の分別ある人ならば、広く認められている物理学や生物学といった科学の原理や数学の定理などを用いた未来予測を疑う人は誰もいないであろう。有効だと認められている学問分野のしっかりと確立された理論である限り、それを用いた未来予測は絶対確実だと考える。しかし実際には、多くの場合状況が非常に複雑であるために、確実な因果関係を示すことのできる科学的理論を進展させることができないのである。気象学や気候科学、政治、経済などはその例で、現象が複雑なために、物理の法則や数学の原理に従って体系的に処理することができない。そこで登場したのが単純化という手法、つまりモデルと呼ばれているもので、これは調査手法として用いられている。ちなみに「モデル model」という言葉は、インド・ヨーロッパ語族の「med-」(真ん中、中間の意)という語基をもとにした語で、ここからラテン語の metiri(測る)、modus(物事に課されたやり方)、modo(制限内にとどまる)、modestus(節度のある人)などの言葉が派生している。語源に忠実と言おうか、ここでいうモデルも、科学者とその研究対象をつなぐ控えめな仲介役として研究に貢献しているのだ。

モデルは忠実にその役割を果たせるよう、時には物理的な条件を単純化され、時には機能によって分類される。機能上の分類は、数値によってはっきりと特徴づけられる類似性によって、さらには純粋に統計学上のやり方に基づき、相関関係を調査して行なわれる。いずれにしてもこのアプローチで必要なのは、その内容が経験的にも理論的にも正しいと認められることである。たとえば気候科学においては、何を明らかにしたいかという目的に沿って、現象をさまざまな方法で図式化・単純化する。たとえば、人口増加が小さいと資源の消費が少ない、人口増加が大きいと資源の消費が大きい、というような正反対の関係を調べたい場合。または、地球温暖化によって生じるさまざまな現象を、氷床融解と海面上昇、降水量の変化、人口移動、海水による炭酸ガスの吸収、海流の変化等、その重要度に応じて分類したい場合などである。そのためには多くのシミュレーションを行なって、そのすべての結果を同時に比較対照したり、観察・考察を行なうことが必要になる。その上で、いったん正しいと認められれば、図式化・単純化によって得られた重要事項は未来予測に役立ち、さらにそれぞれが関係し合ってほかのさまざまな予測を生み出すことにもなりうるのである。

予言の限界

しかしながら、どんなモデルであれ、観察の数を増やすだけではそれを確固たるものにすることはできない。われわれはビッグデータの統計に非常に依存しているが、物事の因果関係がそれでわかるわけではないのだ。因果関係といえば、驚きのデータを載せているウェブサイト[110]があって、その因果関係は一見するとまるで理屈に合わない。たとえば、研究の結果、日焼け止めクリームの使用と皮膚がんの発生確率には正の相関関係があることがわかったという。しかし、これで直ちに、日焼け止めクリームの使用が皮膚がんを引き起こしていると結論づけるのは（その可能性は排除されないにしても）軽率だろう。なぜなら、明らかに別の因果関係が存在するからだ。つまり、日焼け止めクリームを使う人はそうでない人よりも太陽の下に出て光にさらされることが多く、そのことが時としてがんの発生につながっているのである。あるいは二〇〇七年、アメリカのオハイオ州立大学の研究報告によれば、一万五〇〇〇人のティーンエイジャーを調査したところ、初めての性交渉の年齢が、非行化に影響を与えていることがわかったという[111]。この結論は「全面的禁欲」を支持する保守的な人々を勢いづかせた。確かに、初めての性交渉年齢と非行との間には相関関係があった。しかしその数カ月後、その同じデータに基づいて、今度はシャーロッツヴィルにあるヴァージニア大学が研究結果を発表した。研究結果が明らかにしたところによると、もうひとつ、社会経済的な要因というものがあって、それは、初めての性交渉年齢と非行化の双方と相関関係があるという。しかも、非行化により決定的な影響を与えているのは、性交渉年齢ではなく社会経済的条件のほうだった。 こうした例が意味するところは、統計的に相関関係があるからといって、すべて因果関係があるとは言えないということ、さらに相関関係についてまったく逆の解釈をすることもできるということである。因果関係を導き出すためには、関係する要因のあらゆる組み合わせを考え、要因同士が影響を与えあう相互作用を調べる必要がある。[112]ある要因の数値が上がれば相互作用も大きくなるし、ましてや統計データの量が膨大になれば、相互作用はとてつもなく大きなものになるのだ。

結局のところ、ビッグデータの扱いに関しては、キケロが予言の手法について述べたこととほぼ同じことが言える。「そうした予言は推測に基づくものであり、それより先には進めない。時には推測が間違っていることもある。しかしそれでも、多くの場合、それはわれわれを正しい方向に導くものである[113]」。

斉一性の原理

こうした問題に加えて、モデルを用いた予測の影響力というものは、時間は均質だという暗黙の仮定にかかわっている。もし、モデルを規定する法則がこの先も維持されないのであれば、このモデルはまったく未来予測の役に立たないことになる。これはジョン・スチュワート・ミル[114]が帰納法の根拠を探す過程で、その前提とした「自然の推移における斉一性の原理」と類似している。ただしわれわれの場合は、斉一性は自然だけにとどまらず、事象全般に必要なことであるため「事象の推移における斉一性の原理」と命名しなおしたほうがよいかもしれない。

しかしながら、人間の活動や文化に関わる多くの分野では時の流れは一様ではなく、そのため予測の影響力は限られたものになっている。たとえばアリエル・コロノモスがその著書『神託の政治』[115]の中でうまく言い表わしているように、政治や経済、歴史、社会科学の分野においては、斉一性の原理は必ずしも当てはまらないが、それには少なくともふたつの理由がある。ひとつは、社会的な分野においては、人と人との相互関係がまったく同じ形で繰り返されるという保証は何もないからであり、もうひとつは、人間は予測を知って行動を変えることがあるので、それによって未来も影響を受けるためである。もっとも未来が影響を受けないのであれば、予測など何の役にも立たないと言えよう。いずれにしても、最近でも数多くの未来予想が立てられ、未来も過去と同じ法則に従って動くと考えられている状況には変わりがない。ここでその例を見てみよう。

一九七〇年代から八〇年代、権威あるシンクタンクの研究員で旧ソ連を後ろ盾に持っていた人々の多くは、ソ連崩壊の予兆があったにもかかわらず、それを認めようとしなかった。[116]同様に、一九八〇年代から九〇年代、ベルリンの壁の崩壊やラテンアメリカ諸国の民主国家への移行を目にして、多くの中東のアナリストたちが考えたのは、アラブ・イスラム圏の国々の市民社会も同じように民主的体制を要求するにちがいない、そしてかなり早い時期にこうした国々はすべて、西欧のような国家を建設するにちがいない、ということだった。[117] 彼らは、もともと共産主義の拡大を警戒するのに使われたドミノ理論と呼ばれる理論を今度は民主化の伝播に当てはめ、ドミノが次々に倒れていくように、連鎖反応で民主主義が拡大していくにちがいないと楽天的に考えたのだ。第二次イラク戦争の正当化のためにこの理論が利用されていなかったなら、これも笑い話で済んだのだろうが。

もちろん、経済分野においても同様の予測が行なわれているけれども、これもあまり根拠のないものである。株式の投機については、数学を用いた予測モデルに基づいているが、株価の暴落や度重なる恐慌によって、予測の正しさは定期的に否定され続けている。同様に、先進技術の市場予測を過去にさかのぼって調べたものを見てみると、情報産業やデジタル通信分野のあらゆる技術、たとえば人工知能やバーチャルリアリティについても、またバイオテクノロジーのような分野についても、すべての予測について、何度も見込み違いがあったことがわかる。それは過度な期待によるものであったり、逆に過度な諦めや悲観主義のせいであったりした。

そうはいうものの、現在いくつかの科学的アプローチは、未来を予見し予測を立てるための非常に有効な手段を人間にもたらしている。ただ、それを活用するためには厳しい条件が必要であり、そのせいで利用が著しく制限されたり、厳格さが求められたりしている。そのため政治や経済などの社会科学分野や、気候やその変化といった複雑な現象を扱う自然科学分野においては、予測の影響力は限られている。というのも、モデルが有効であると判断するためには、まず、異なるモデル同士を比較対照しなければならず、そのためにはモデルから導き出される複数の予測を比較し、それらが一致することを確かめる必要があるからだ。しかしながらシンギュラリティの信奉者たちは、自分たちの仮説から導き出したシナリオを、ほかの未来のシナリオと本当に比較してみたことなどないのである。

モデルが有効であると判断するためには、さらに、あるモデルから導き出した結論が、そのモデルを規定する原理に反していないことを確認する必要がある。その原理とは、すなわち、モデルを作り出すもととなっている単純化するための仮説、モデルを支配する法則のことである。ところがシンギュラリティ理論をこの観点から見てみると、理論の基礎となる多くの主張は、意味がないとは言わないまでも、少なくとも疑いを抱かざるをえないようなものなのだ。

これまで見てきたように、コンピュータの性能向上は指数関数的ペースで永久に続くとするムーアの法則は、科学技術が進歩するための条件は今と同じまま変わらないという、暗黙の斉一性の原理に依拠している。[118] しかし、コンピュータの小型化が進むにつれ、小型化の基礎となる物理原則も変化する。なぜなら、空間的なスケールが変わると、素材の性質にも影響があるからだ。今の時点ですでに、プロセッサを作るために使われているシリコンの加工技術の限界が見えている。グラフェンのような新素材がシリコンの後を引き継いでくれることを期待する人々もいれば、量子計算のような、これまでと違う考え方に基づいて情報処理を行なうべきだと考える人々もいる。だが現在のところは、たとえほかの手法に頼ったとしても、処理・加工技術がこれまでと同じペースで進歩すると確約できる人は誰もいない。したがってムーアの法則を普遍的な進化の法則にしてくれるものは何もないのである。しかも、すでに言及したように、経験論的な要因からもそれが間違っていることは証明されている。[119] 一般的に見て観察から得られた法則というものは、きちんとした科学的根拠がなければ、一定期間正しいことが確認されていたとしても、永遠に継続するというわけではない。この意味で、テクノロジーの進歩において時間は均質ではない。

対照的に、未来はもう人間を必要としなくなるかもしれないという予言は、時間は根源的には不均質であるという仮定から出発している。しかし、この仮定にもまた根拠はない。これとは逆に、物質的条件はこれから先も今と同じであり続けると仮定してしまえば、科学技術が突如として自律的に成長を始め、自発的に増殖していくとする理由は、今のところまったく見当たらなくなる。少なくとも本章の冒頭に挙げたビル・ジョイの論文では、厳正な科学的調査のことにも、反対意見に対する議論のことにも言及されていない。ジョイだけでなく、レイ・カーツワイルのシンギュラリティに関する著書でも、ニック・ボストロムの著書『スーパーインテリジェンス』でもそうしたことにはまったく言及されていないのだ。

時間の流れ自体が変貌するかもしれない、それによって人間の自然に対する影響力が変わってしまうかもしれない、と考えてみる時、それはすなわち、数学でいうところの変曲点の存在を認めることになるだろう。その変曲点を起点としてこの大転換が起こるということのようだが、このことは、科学的手法によって証明することもできなければ、否定することもできない。というのも科学の考え方では、時間というものは均質性・規則性を持つものだからである。補足すると、時間の概念には、それぞれまったく異なるいくつかの考え方が存在する。物理的な時間（その中でさまざまな現象が起こる）、内面的な時間（その中で人間が思考する）、歴史的な時間などである。おそらく、物理的時間が自分の思い通りになったり、波乱に富んだものになったり、あるいは突然加速したり減速したりするなどと想像するのは難しい。われわれはどのようにそれを理解したらよいのかもわからないにちがいない。それでも、大勢でいる時に、自分自身の内面的な時間が外の世界と比べて加速したり減速したりするのを感じることはあるだろう。ほかの人々が感じているよりも、すべてが急に速くなったり、今度は急にゆっくりになったりするかもしれない。だが、どのようにそれを証明し、どうやって予見すればよいのか。これは文字通りの意味で、科学の研究対象にはなり得ない。つまり、科学というのは、対象に関する合理的な証拠を示して証明する必要があるからだ。同様に、カーツワイルやボストロムらが主張している考え、すなわち、テクノロジーが発展してその時間が突如人間の内面的時間と切り離されたものになり、人間の精神は朦朧とした状態に追いやられる、という考えについても、科学の研究対象にはなり得ないのである。

しかも、シンギュラリティについての言説には、ひとつ興味深い矛盾点がある。この説はムーアの法則が続いてゆくものだということを前提として、この法則を一般化し、普遍的な進化の法則として認めている。ということはつまり、暗黙裏ではあるが絶対的な決定論の原理によって導かれている自然の歴史には、連続性があると仮定しているわけだ。それなのに一方では、時間の流れは突如変化して、完全な非連続型に変貌すると主張しているのである。これは、歴史は連続すると主張した先ほどの考え方とは相反するものだ。

可能性、蓋然性、信憑性

近頃は、われわれを翻弄するような科学的な言い回しが非常に多く、未来に対して異なるアプローチをとる三つの概念がよく混同されている。すなわち、可能性(possibilité)、蓋然性(probabilité)、信憑性(plausibilité)――この三つが区別されていないために混乱が生じているのである。ここではその違いをはっきりさせようと思うが、その前に数学の確率(probabilitéには「確率」という意味もある)について少しだけ触れておこう。確率論は、一七世紀にブレーズ・パスカルとピエール・ド・フェルマーの功績によって発展した。そして一九世紀にはエミール・ボレルの測度の理論によって、さらに二〇世紀にはアンドレイ・コルモゴロフの公理的確率論によって、ますます精緻化された。そして、ここで登場するのが蓋然性(probabilité)である。これは「証拠

(preuve)」という言葉を連想させる。語源も実際そのとおりで、「probable」(probabilitéの形容詞形。意味は「ありそうな」「公算の大きい」)は「証明する」という意味のprobareというラテン語が元になっている。したがって蓋然性というのは、絶対に確実というわけではないが、真実と認められるものを持っているので、ある事柄が起こる見込みはかなり高いということである。

その点で、可能性(possibilité)とは異なる。可能性は単にある事柄が起こり得るということで、実現を妨げるものは何もないが、実現を保証するものも何もないということだ。最後の信憑性(plausibilité)という言葉は、「applaudir」(拍手喝采する)と同じ語根になる。「plausible」(plausibilitéの形容詞形。意味は「もっともらしい」)な出来事、というのは、当初の意味は、みなが拍手喝采する出来事ということであった。つまりそれは一般受けが良く、多くの人が起こると思っているということだ。だが、実際には可能性も蓋然性も保証されていない。現在はこの言葉の意味も少々変化して、当初の語源から離れ、本当らしさを表わす言葉になったようだ。言い方を変えれば、その見た目が直感と一致するという意味合いである。この点は蓋然性とも可能性とも異なるところである。

ここでシンギュラリティに話を戻そう。さまざまな形となって現われるトランスヒューマンやポストヒューマン、あるいはテクノロジーの進歩によって生み出される新たな世界といった考えをplausibleに（語源のままの意味——拍手喝采されるように）するために、シンギュラリティの信奉者たちは大変な努力をしている。その結果多くの人に受け入れられて成功しているところを見ると、拍手喝采される目的は達せられているようだ。彼らはその目的のために、小説や映画のヒット作で使われたようなドラマティックな筋立てから着想を得て、そのアイデアを利用したが、そんなシナリオは実際には起こり得ないということはまったく明らかにされていない。したがってシナリオの多くは、実現の可能性（先ほど指摘した意味においてだが）があるかのように見えている。しかし実際には、複数のシナリオを比較してみることもないし、そのうちの、たとえばシンギュラリティが起こるというシナリオの蓋然性が、ほかより高いということを示すためにきちんとした研究を行なうこともない。それゆえ、どのシナリオも本当に実現できそうだと認められることがないのである。わかりやすくするために、シンギュラリティやトランスヒューマンに関する書物と、地球温暖化の影響に関する気候科学分野の科学的調査を比較してみよう。どちらの場合も、未来予測を試みている。しかし双方を比較できるのはここまでだ。なぜなら気候科学の場合は、異なる科学的仮定に基づいてさまざまなモデルのシミュレーションを行なっているからだ。そして、過去の事例を調査し、管理された条件下で実施した観察のデータを用いて、モデルの有効性を判断する。さらにモデルが導き出した予測を比較検討する。その後は研究結果を公表し、公の場で議論を重ねるのである。現在、地球温暖化に関するあらゆるシナリオは、その進行速度や影響についてはモデルごとに異なるものの、温暖化が起こるという点では結論が一致している。しかしシンギュラリティに関してはまったく事情が異なる。複数のシナリオを比較して評価することは一切行なわれていないのである。

その上、過去にさかのぼった調査でわかったことは、過去に実施された、情報科学技術に関する未来予測研究は、すべてが非常に大雑把だったということだ。[120][121]結局のところ、シンギュラリティが起こることは絶対に不可能であるとは言えないにしても、ほとんどありそうもないことであり、あまりにありそうもないことであるため、真面目に検討するに値しないのだ。

第七章　シンギュラリティと終末論

時間のトポロジー

シンギュラリティとは、時間の流れの中に口を開く断絶のことである。この断絶を超えてしまえば、人間はもはや未来を支配することはできず、代わりに未来を支配するのは新しい種族、純粋な機械や、機械と人間の融合体となる。それでは、シンギュラリティを迎えた後、時間はどのような流れ方をするのだろうか。もちろんそれは、これまでと違ったものになるだろう。シンギュラリティ以後も時間は止まることなく、場合によっては、われわれと一緒に流れ続けるだろう。しかし、時間の性質は一変する。人間は、動物のような受動的な立場に追いやられてしまい、自分の運命に対する支配力を失ってしまうのだ。時間はもはや、人間の生活や幸福だけのために流れるわけではなくなる。また、そうなってしまえば、自由というものもなくなるだろう。ここで注目したいのは、シンギュラリティという言葉が登場した今、科学技術の理想が以前とは異なるものになったということだ。一八世紀に全盛期を迎えた啓蒙主義では、科学技術とは人間にとって、自然を支配し、自らの運命を手中に収めるためのものだった。ところがシンギュラリティの信奉者によると、科学技術が極限まで進歩を遂げた今、それは人間に決定的な変化をもたらし、この変化の後に、人間は自分の未来に対する影響力を失うのだという。

もちろん、もう少し楽観的に考える人々もいる。たとえば人工知能研究者であるエリエゼル・ユドカウスキー[122]はこう考えている。人類にできる唯一のことは、機械が人間と共存し、機械が人間を守ってくれるという、もう少し「穏やかな」シナリオを描ける未来へ方向転換することである。そのために導き出されたのが、「友好的な」人工知能(friendly AI) だ。友好的な人工知能はわれわれの要求に応えてくれて、人類に対し、いかなる敵対心も抱かない。だが、これが実現したところで、未来が悲劇的であり、運命から逃れられないことに変わりはない。これではまるでギリシャ悲劇のようだ。われわれは、自分たちの運命を変えることはできないし、自分たちの行く末を自分たちで決めることができなくなってしまう。

このように、時間の流れの中の転換点を考えることは、たくさんの問題を浮き彫りにする。人間とは何か、精神とは何か、死や未来とは何なのか……。だが、今は、われわれが時間の流れを個人的にどのように感じているか、次々とやってくる体験を頭の中でどのように意識しているか、といった問題はひとまず忘れることにしよう。そして、歴史的出来事の、始まり、終わり、断絶のみを取りあげるのである。そうすると、シンギュラリティは、時間を、過去にも見かけたことがあるような、ある独特な形でとらえていることがわかってくる。ならば、過去に現われた時間のさまざまなとらえ方と比較して、その類似点や相違点を探ってみようではないか。そのために、ここではまず時間を形態として扱い、時間の縁、限界、断絶、境界線に注目していこうと思う——つまり時間をトポロジーとしてとらえるのである。トポロジーとは数学の一分野で、拡大・縮小があっても変化したことにはならないという、図形の性質を考察するものだ。つまり、伸ばしたり縮めたり、形をゆがめたり捻じ曲げたりしても、その形を切断しない限りは変わったことにはならないという性質が、時間に置き換えられると考えたのである。シンギュラリティ仮説における時間でも、問われているのは、切断と輪郭と終わりの地点だけなのだから。

円環としての時間——永遠の回帰

季節の巡りや、人々の世代の繰り返し、惑星の軌道、天体の規則正しい運行。これらを見て、伝統社会の人々は円環としての時間を考えた。円環としての時間においては、それぞれの瞬間は無限に繰り返してやってくる。その時間の中の行動は、過去に起こった行動の繰り返しで、さらにその過去の行動自体も、昔から何度も繰り返されていることなのである。宗教学者のミルチャ・エリアーデは『永遠回帰の神話[123]』の中で、アルカイック期と呼ばれる太古の時代、いわゆる「原始社会」においては、すべての行動は、過去に終了した行動の繰り返しとみなされていたことを示した。原始社会から時がたち、古代哲学が登場すると、時間の無限の繰り返しという考え方は、さまざまな表現を得た。アリストテレスやヘラクレイトス、ストア派の哲学者などは円環としての時間を語った。また、ヒンドゥー教には、永遠に繰り返す螺旋の時間が想定されていて、そこでは輪廻も螺旋状に発展するのだという。さらに現代に近づくと、フリードリヒ・ニーチェが、『喜ばしき知恵[124]』の中で、同じものが永遠に繰り返す時間というものを考えた。

お前がたった今、経験している人生は、以前にお前が生きた人生である。お前は、以前の人生を再び生きなおさなくてはならない。そのようにして何度も人生は繰り返す。その人生には新しいものは何もない。そんなものとは無縁だ。苦しみや喜び、考えや悩み、そういったお前が経験することは、極限まで大きな物事から極限まで小さな物事までが、お前に返ってくる。しかも、同じ順番で、同じやり方で繰り返すのである。今、お前が見ている蜘蛛（くも）や、木々の間の月、すべての瞬間、そして、私自身ですら繰り返す。存在という名の砂時計は永遠にひっくり返される。そして、砂の中の一粒であるお前自身も繰り返すのだ。

ニーチェのこの考え方は、反政府的な革命家、オーギュスト・ブランキ（一八〇五-一八八一）の影響を受けている。ブランキは人生の大半を監獄で過ごしたため「幽閉者」と呼ばれた。筋金入りの頑固者で、伝統というものを徹底的に否定し、父祖の代からの権威に従うことも徹底的に拒否した。この永遠の反逆者も、晩年の一八七二年に出版した『天体による永遠』[125]の中で、円環としての時間を主張している。彼は、代々受け継がれていく慣例を認めず、支配者や先祖を敬うことを拒否し、徹底的に唯物論者としての立場を貫いた。ここから、宇宙は時間的にも空間的にも無限であり、始まりも終わりもない、という考えが導き出されたのである。そして、ブランキはこんなことを綴った。この世界に存在するものは元素の集合体だ。そして元素の種類は限られている。われわれの世界は、無限の時間と空間の中で、有限の組み合わせでできている。ならば、時を超え宇宙を超えた先に、われわれの世界とまったく同じ元素の組み合わせを持つ分身が無限に存在するに違いない。だとすると、この地球そっくりの双子の地球がもうひとつあるだけでなく、どこもかしこもそっくりな双子の地球は無限に存在して、そこにも、われわれとまったく同じように暮らすわれわれそっくりの人間がいる。今この地球で暮らす誰かは、他の誰かの繰り返しであって、いつか他の誰かがどれかの地球で無限に繰り返すものなのだ。

同じものの無限の回帰、同じものの果てしない再開、いつまでも続く繰り返し、「存在という名の砂時計」を何回でもひっくり返すこと、こうした時間をトポロジーで表現すると円環となる。始まりも終わりもなく、人は何回でも同じ瞬間を生きる。そこでは何も変化しない。

分節化された時間

実は、ユダヤ教、キリスト教、イスラム教といった、神からの啓示に基づく宗教（天啓宗教）が登場した時、新しいトポロジーが生まれていた。新しいトポロジーでは、時間の始まりがある。たとえばキリスト教徒にとっては、最初に世界の創造があり、エデンの園での生活がある。それから、時間の終わりもある。キリスト教では、キリスト再臨という輝かしい出来事のことだ。ユダヤ教だと、メシアが降臨し、死者が復活して、最後の審判の日が訪れる。そして、始まりと終わりとの間には、時間の区切りとなるような大きな出来事が起こる。出エジプト、シナイ山でのモーセへの十戒の授与、キリストの誕生などである。このように、未来を暗示する神託や事件があって、それが時間を区切っているのである。しかし、どんな大事件が起こったとしても、時間の構造自体は変わらない。時間は始まりと最後の瞬間というふたつの極を持ち、二極の間の時間が分節化されている。さらに言うなら、終末という考えには、この世界の外にある超越的な世界が想定されていて、時間の外に出て永遠の世界へ到達したいという人間の願望が示されている。時間の終わりという考えは、彼方(かなた)の世界の到来という希望につながっているのである。

無限の直線

まず近代が始まり、それから啓蒙主義が誕生した時、また新しい時間のとらえ方が登場する。ここでは時間や空間は等質で、特に時間は途切れなく永遠に続き、期限が与えられることはない。啓蒙主義の哲学者であり数学者であるコンドルセが『人間精神進歩史』[126]の中で進歩について述べた箇所が、この時間の特徴を最もよく表わしている。「無限という言葉はふたつの意味を持っている」。ひとつ目の意味では限界がないわけではない。しかし、その限界は「果てしなく遠くにあり、そこにたどり着くことはできない」ということである。そしてもうひとつの意味では、「完全な意味での無限である。そこにはもはや、進歩を止めてしまうような限界はないのである」。

この限りない歩みは、無限の彼方に置かれた終わりの地点に向かいながらも、結局はたどり着くことはない。この時間はいかなる限界も持たず、自らに返ってくることもなく、いつまでも続く。トポロジーで表現するならば、この時間の流れは直線で表わされる。

「破断した」時間

一神教が想定した分節化された時間と比較してみると、グノーシス派はこれまで見てきたのとは違った時間の形態を持っていることがわかる。グノーシス派によると、偽の神が真の神の力を奪って偽りの世界を創造した後、大異変によってその世界が浄化され、真の神が正当な支配者として君臨するとされている。その結果、歩みの途中にあった時間が破断して途切れ、後には正しい秩序が支配し、調和が訪れるのである。

先に触れたように、シンギュラリティは、このグノーシス派の時間と同じ時間のとらえ方をしている。シンギュラリティにおいても、ある時、決定的な断絶が起こる。この断絶を迎えると、世界は作り直され、時間の流れが変化するのである。意見が分かれるのは、断絶が起こった後の世界がどのようなものとなるかという点である。楽観的な人々は、永遠の生が手に入ると考える。もっと暗い未来を想像する人は、人間の未来が終わり、人類が消滅すると恐れているのである。

未来の枝

ここまで見てきたのが一般的な時間のトポロジーの姿であるが、ここにもうひとつトポロジーを付け加えることができる。この考え方は、人間の自由を考慮に入れたものだ。このタイプの時間では、未来はあらかじめ決まっておらず、人々は未来へ進む方向を自分で選ぶことができる。そして、それぞれの決定の可能性が、樹木の枝で表現されるのだ。過去を振り返ってみるならば、時間はこれまでの出来事の積み重ね、つまり、直線となる。しかし未来は、より正確に言うと偶然的未来は、無数の可能性にあふれている。このような考え方での時間は、枝を広げた樹木のような形態をしている。それぞれの枝が人間の自由な決定を示しているわけだ。人間の決断はあらかじめ定められたものではないため、無数に枝分かれする。そして、ひとたび人間が決断し、無数の枝の中から一本が選ばれると、そこからまた枝分かれして、選択の可能性が新たに広がっていく。枝分かれは、時間が終わりを迎えるまで続いていくのだ。こうして、樹木のように、過去は一本の幹で表わされ、未来は無限に分かれた枝となるのである。

より想像力を豊かにして考えてみるならば、枝分かれは、未来だけではなく、過去に対しても同様に当てはめることができるかもしれない。つまり、現在を中心として過去と未来が対称的に枝分かれしている形を考えるのだ。われわれが生きている現在は、ただひとつの過去につながっているのではなく、数限りない架空の歴史の結果と見るのである。だが、この話はもう終わりにしよう。ここで問題にしたいのは未来のことだ。

樹木としての時間は、近代が想定した直線としての時間とつながりを持っている。樹木としての時間は、近代の描いた直線としての時間を枝分かれさせたものと言えるからだ。この時間においては、人間は完全に自由に行動することができ、自分で自分の運命を支配しているのである。反対に、円環としての時間は、樹木としての時間とはまったく別のものだ。先ほど引用したニーチェの『喜ばしき知恵』の中の言葉を思い出してほしい。「苦しみや喜び、考えや悩み、そういったお前が経験することは、極限まで大きな物事から極限まで小さな物事までが、お前に返ってくる。しかも、同じ順番で、同じやり方で繰り返すのである」。円環としての時間においては、選択というものは存在しない。すべての物事は同じ順序で、何度でも繰り返すのだから、人々の決定は幻想にすぎない。円環としての時間というトポロジーでは、時間は先端と末尾がつながった線であり、枝分かれすることや、分かれた枝といったものはどんな種類のものであれ、一切存在しないのである。

一方、天啓宗教が想定した分節化された時間では、始まりと終わりは確固として存在し、人間の手で変えることはできない。始まりは人間に先立っているので、人間は決定に介入できない。また、終わりは、キリスト教にとってはキリスト再臨、ユダヤ教とイスラム教にとっては最後の審判といったように、それぞれ、人々の思い描いた理想の世界である。したがって、ここでも人間が選択する余地はない。確かに、始まりと終わりの間であれば、人間は善の方向にも、悪の方向にも、自由に行動することができるだろう。自由は最も大切なものであり、そうでなければ審判を受けることや贖罪の機会を与えられることもないし、天国も地獄もなくなってしまう。そう考えると、それぞれの瞬間で未来は枝分かれしているとも言える。しかし、枝分かれしているとしても、結局は終末という一点に収斂するのである。それはまるで、途切れたり、何本にも分かれたりしても最終的にはひとつにまとまる無数の糸のようだ。自由な選択や決断の可能性であふれていても、その両端には、始まりと終わりが必ず存在するのである。

こうした、まるで杉の木のような時間の形態は、グノーシス派、そしてシンギュラリティの破断した時間の中の、少なくとも断絶点までの時間に当てはめることができるだろう。その時点までは、未来の枝分かれが認められているのである。なぜなら、グノーシス派、そしてシンギュラリティの考え方では、少なくともわれわれが現在生きている不完全な世界において、人間の自由が認められているからだ。そうでなければ、グノーシス主義者たちの努力や、度重なる布教活動は、まったく意味がないものになってしまうだろう。しかし、ひとたび大異変が起こり、われわれの中から選ばれた者が理想の世界で永遠の生を手に入れたとすると、人間の自由といったものはどのようになってしまうのだろうか。完璧な世界においては、当然、悪も不確実も、不確定なこともない。人の罪が消え去り、誤りが正され、理想通りに完成した世界では、善だけが存在する。そんな世界において、善と悪とを選択する必要はない。もちろん、理想の世界では人々が好みといったものを持たない、などと言うつもりはない。そうではなくて、理想の世界では、人々は何かをしたいという欲望をあらかじめ満足させたり、欲望を持ったら即座に充足させたりすることができるのだ。決定的な断絶が起こった後は、時間は、それまでの可能性にあふれた形ではなく、ただの線となるだろう。そうなれば、未来などは存在しない。それが言い過ぎならば、少なくとも、未来は予想不可能なものではなくなるだろう。人は偶然に翻弄されることもなく、道に迷うこともない。蓋然性というものはなくなり、すべては必然のものとなる。ビル・ジョイが二一世紀の初めに著わしたかの論文、「なぜ未来はわれわれを必要としなくなるのか」で主張したように、未来の先の未来など存在しなくなるだろう。

カタストロフィーという転換点

これまで、シンギュラリティが起こる前と後での未来の形について概観し、それから、円環的であったり、分節化されたり、直線的であったりする未来をそれぞれ比較検討してきた。今度は、断絶点である、シンギュラリティが作るこの割れ目そのものを詳しく見てみたい。ここでは、この時間の転換点を、カタストロフィーと呼ぶことにしよう。時間の転換点は人々の生活に劇的な変化をもたらすのみならず、歴史の中での決定的な曲がり角であり、人類にとっては別の世界に飛びこむような決定的な変革なのだ。まずは言葉に注目すると、カタストロフィー（catastrophe）はギリシャ語の catastrophê が語源となっている。cata-という接頭辞は「下の方向へ」という意味を示し、語根であるstrophéは「曲がり角」や「急変」を意味する。こうして見てみると、シンギュラリティとカタストロフィーという言葉の意味は似ていることがわかるだろう。だがそれだけでなく、このふたつの言葉は、より明確な関係を結んでいる。数学者でカタストロフィー理論の提唱者であるルネ・トム[127]は、この理論を数学的な特異点の特殊な例であると述べているのである。[128]

悲劇の再来

シンギュラリティの突然の到来や、規模の大きさは恐るべきものとなるだろう。しかし、問題はそれだけではない。シンギュラリティは、われわれの前に避けることができないものとして現われる。それが到来すれば、人間には、自分で選んだり、決定したり、行動したりという余地は残されない。われわれの前に現われて、われわれの力を奪ってしまう。このように、シンギュラリティは決定的な運命として現われる。シンギュラリティの力は人間の能力を超えているため、われわれには対抗する手立てがないからだ。まるでギリシャ悲劇のシナリオではないか。実際、シンギュラリティは、ヴァーナー・ヴィンジのSF作品が起源となっているが、彼の作品自体もより古い作品から影響を受けている。特に数学者スタニスワフ・ウラムによるテクノロジーの指数関数的な発展に関する空想や、その後の一九五〇年代に書かれたアイザック・アシモフの短篇小説、統計学者のアーヴィング・ジョン・グッドが一九六〇年代の初頭に書いた超知能マシンに関する仮説からの影響が強い。彼らは一様に、暗い未来を描いている。それによると、シンギュラリティという大きな渦がこの世界を席巻し、人間に不吉な運命をもたらすのだという。彼らの描くシンギュラリティは、まるで聖ヨハネが黙示録に描いた第四の騎士のようだ。蒼ざめた馬に乗った第四の騎士は、死と贖罪を告げるのである。

それにしても、現代の科学技術と大昔の神話が共存する姿には、驚かずにはいられない。超近代化されたこの時代に、テクノロジーと神話が手を取り合ってギリシャ悲劇を復活させようとしているのだ。ここで恐ろしいのはシンギュラリティの描くシナリオ自体ではなく、ジャンルが混ざり合い、それぞれの境界が侵されてしまっていることだ。高名な科学者や大企業のトップ、著名な技術者といった面々が、自身の影響力を利用して、通俗的な空想物語を人々に信じこませようとしているのだ。誤解のないように言っておくが、科学者が人々を楽しませるためや、知識を伝えるために空想の物語を作る権利を、誰も奪うことはできない。しかし、それがフィクションであるか、科学的な方法に基づいた主張であるかは厳密に区別する必要がある。科学と空想の明確な区別がなければ、混乱が生じるだけだ。彼らは両者の区別を曖昧にすることで、未来の本当の姿を隠している。単なるひとつの可能性にすぎないシナリオを、まるで避けることのできない運命のように言うことで、他にも存在するはずの無数の選択肢を隠蔽し、シンギュラリティ以外の選択肢を選んだ場合、どのような結果が生じるかや、その選択肢が人間の行動にどれほどの自由を与えてくれるかといった問題を考えさせなくしている。科学者というものは本来ならば、自分の能力の及ぶ限り、可能性と蓋然性を示し、人々が自分で決めて行動する手助けをするべきだ。それが科学者の責任である。近代の始まりに確立した科学者のこの姿勢こそが、人類の発展を推し進めていくのである。それが今では、嘆かわしいことに、一部の科学者が自分の影響力を利用して、専門家としての立場から、荒唐無稽なカタストロフィーを信じこませようとしている。彼らは、もはや知識人としての責任を果たそうとはしていないのである。しかしながら、ある予測について当てはまることが、すべての予測に当てはまるわけではない。カタストロフィーに関しての予測についても同じで、すべてが同じタイプというわけではない。

カタストロフィーの商人

一般的に言って、われわれは、カタストロフィーという大転換に、どうしても興味を引かれてしまうものだ。もちろん、カタストロフィーを自分で体験したいと思っているわけではない。だがカタストロフィーを扱った話は、それが過去のものであれ未来のものであれ、現実のものであれ想像のものであれ、どんなものでもわれわれの関心を引き、想像力を刺激するのである。新聞や映画、小説が、これまでさまざまな種類のカタストロフィーを扱ってきた。殺人事件、自動車事故、地震、火事、戦争、外科手術、数えあげればきりがない。新聞記者、作家、シナリオライター、といったあらゆる形態の語り手が、読者の興味を引くためにカタストロフィーの勃発を取りあげてきた。過去のカタストロフィーを上手に語ることができる者は、成功を手にする。そして、未来のカタストロフィーを語ることができるなら、より大きな名声を得る。未来のことは、すべての人々が関心を持っているからだ。たとえ、語る内容が絵空事であったとしても、問題はない。カタストロフィーが実際に起こらなかったとしても、誰も文句を言う人はいない。

こうしてみると、カタストロフィーを語ることは、ひとつの商売のようなものである。カタストロフィーを語る商売は、歴史に数多く登場した。語り手たちは、さしずめ「カタストロフィーの商人」とでも名付けることができるだろう。プロの商売人は昔から、カタストロフィーを大げさに、人々の興味を引くように語ることを職業としてきた。

カタストロフィーの商人は、カタストロフィーを「もっともらしい（plausible）」ものとするように腐心してきた。ここでの「もっともらしい」という言葉は、前章で説明したように「拍手喝采する（applaudir）」という言葉と同じラテン語が語源となっている。商売が成功して拍手喝采されるためには、民衆の信じやすさに訴え、人々から賛同を得なければならない。そのためには、カタストロフィーに明らかな矛盾点がなく、実現の可能性が少しでもあれば十分である。カタストロフィーが起こる蓋然性などをわざわざ考えなくても良い。信じやすい人々を納得させるためには、蓋然性など大して役に立たないのである。

賢明なカタストロフィー論

ここまで一般的なカタストロフィーについて説明してきたが、実は今、カタストロフィーの新しい予想形が登場している。新しいカタストロフィー論は、単なる想像に基づくのではなく、論理的な計算に基づき、未曾有の大事件が突発的に発生する蓋然性を測ろうというものである。さまざまな分野のテクノロジー、特にデジタル技術の進歩により、明確な形のリスクは本当の脅威ではなくなった。明確なリスクならば、いたずらに恐れることはなく、それに備えるために、時間を費やし、防ぐ手立てを考えればよいからだ。しかし、突発的な事故に関しては、過去に起こったことがないために、備えるのが難しい。たとえばチェルノブイリや福島の原発事故は、予測可能な原因によって引き起こされたのではなく、さまざまな出来事が連鎖した結果、引き起こされたものである。一連の出来事は、確かに起こりうる蓋然性があった。しかし、それらの出来事が重なって、ひとつの大きな結果に至ることは、予測を超えたことだったのだ。福島の例では、マグニチュード九・〇の地震が起こった際、原子力発電所の原子炉が自動停止した。だが、停止後も核崩壊による熱が発生し続けたため、原子炉を急速に冷やす必要性があった。それなのに、地震により冷却系統に必要な電力の供給はストップしていた。加えて、堤防は六メートル以下の津波しか想定していなかったのに、一四メートルを超える津波が起こった。その結果、非常用のディーゼル発電機が津波による浸水で故障した。本来ならこの非常用ディーゼル発電機が、通常の電源が止まった際も電気を供給し、注水冷却用のポンプを動かすことになっていたのだが、それが不可能になってしまったのだ。その結果、長い時間、原子炉の温度は上がり続けていたにもかかわらず、冷却水を送ることができなくなっていた。それに加えて、地震の揺れや津波によって生じた混乱で、救援の到着も遅れてしまった。こうして地震の発生から数日間、温度の上昇が続き、それが原子炉格納容器の気密性の喪失、燃料棒の溶融、放射性ガスの拡散を次々と引き起こし、いくつもの爆発事故が誘発された。このような悲惨な事態が連続して起こることなど、人々はまったく予測せず、何の備えもしていなかったのだ。予測できていれば、ここまでの事態にはならなかっただろう。こういった事態の連鎖は、原発事故だけではなく、たとえば、飛行機事故など、現代のさまざまなカタストロフィーに当てはまる。

数学者、経済学者、哲学者であるジャン＝ピエール・デュピュイは、この種のカタストロフィーに対して、科学的なアプローチを試みる必要性を主張している。彼はまず、恐竜の絶滅を例に挙げ、進化においてカタストロフィーが果たす役割を説明した。そして、テクノロジーの進化によって起こるとされるカタストロフィーに対する心構えとして、「賢明なカタストロフィー論」[129]の必要性を訴えた。彼によれば、そうした事故は、それぞれ個々の発生の蓋然性は低く、ほとんど起こらないように思えたとしても、そのどれかが突発的に起こる蓋然性はかなり高いのだという。実際、起こる蓋然性のある事故を数え上げれば、その数は、きわめて多くなるだろう。起こる可能性がある事故はそれぞれ独立したものであるが、どれかひとつが起こる蓋然性は、蓋然性全体の数に左右される。たとえ個々の事故について発生する蓋然性がごくわずかだとしても、それが数多く集まれば、そのどれかが起こる蓋然性は無視できないものとなってくる。

普通のカタストロフィーと違って、このようなカタストロフィーは発生を予測することができないのが特徴だ。普通のカタストロフィー論では、未来に起こるシナリオがすでに書かれていて、そのシナリオこそが未来に起こることを言い当てていると主張される。しかし、賢明なカタストロフィー論では、どのような事故が起こるか、事前に明確な形で示されることはない。どんなことが起こるかがわからない状況で、突然の出来事に備えるよう勧めるのだ。このように、普通のカタストロフィー論から見るか、賢明なカタストロフィー論から見るか、どちらの立場に立つかにより、カタストロフィーという言葉の意味は大きく違ってくることがわかる。

普通のカタストロフィー論、つまり、先ほど商人のカタストロフィー論と呼んだものでは、いかにしてもっともらしく見せるか、いかにして多くの人に賛同してもらうかが重要となる。そのためには、わかりやすい根拠を示して、どんなに抵抗してもカタストロフィーを避けることができない、という話を納得させなくてはならない。このカタストロフィー論には、シナリオを人々に知ってもらう段階、言い換えるなら、宣伝する段階がなくてはならない。だからこそ、カタストロフィーは明確な形で示され、細部まで作りこまれているのである。

反対に、ふたつ目の例、つまり賢明なカタストロフィー論では、カタストロフィーは突然起こる。だから、一見すると起こりそうには思えず、はっきりした形で示されることもない。通常のカタストロフィー論ではそれが明示されるため、カタストロフィーに対する心構えをして、その衝撃に対して身を守る時間を与えてくれる。だが、準備をする時間を与えてくれるならば、その大半は本当の意味でのカタストロフィーではなく、単に解決すべき問題と言うべきだろう。予測がどんなに恐ろしく、どんなに衝撃的なものであろうとだ。たとえば、地球に巨大な隕石が衝突したことにより、地球の軌道が大幅にずれて、大規模な気候変動が起こるとする。それがずいぶん前から予測されているならば、事故への心構えをして脅威を弱めることができるのである（だがこうなると、いわゆるカタストロフィーではなくなってしまうだろうが）。これに対し、第二の意味でのカタストロフィーは克服することが難しい。それが必然的に起こるからではなく、突然起こるがゆえに、解決することができないからだ。このカタストロフィーは、一見起こりそうもないように思えて、予測することができないまま突然起こる。たとえば、伝染病が発生するとわかっていれば、科学者はあらかじめ、ワクチンや特効薬、予防法を探すなどの対策を立てようとする。しかし、本当の危機というのは、多くの場合、未知のものから生じるものだ。そして、それに対しては、倫理観をもって臨む必要がある。この意味で、賢明なカタストロフィー論は、哲学的なアプローチと通じるところが多い。提唱者のジャン＝ピエール・デュピュイも、ハンナ・アーレント[130]やギュンター・アンダース、イヴァン・イリイチといった数多くの思想家たちについて言及している。

ヒューマニズムの仮像

ここで、シンギュラリティに話を戻そう。これはふたつのカタストロフィー論のうち、普通のカタストロフィー論に属することは明らかだ。シンギュラリティを予言する人々は、それは避けられないと断言し、その到来の様子を細かい点まで詳細に描いてみせている。彼らによると、それはあらかじめ定められて、人間が自由に行動できる余地は残されていないのだという。こんなふうに、いかにもそれらしく語られるところが、ジャン＝ピエール・デュピュイの言う賢明なカタストロフィーとは、まったくもって異なる。また、すでに示したように、彼らの言い分は確固とした科学的証明に支えられているわけではない。[131][132]人々は、スティーヴン・ホーキングのような科学者やイーロン・マスクのような大物経営者の名声によって信じこまされているだけなのである。

よって、シンギュラリティの主張は、はっきりとした科学的証明がされていないという点で、認識論的に間違っている。しかしそれだけで済ますことはできない。シンギュラリティの主張は、倫理的にも非難されるべきである。シンギュラリティという特殊なシナリオを示すことにより、他にも存在するさまざまな危険性から人の目をそらし、その危険の存在を隠蔽しているからだ。こうして、不測の事態に対して心構えをするよう促すどころか、未来の姿を不透明にして、われわれの視点を誤った方向へ導いている。しかも、そうやって導こうとする世界は、蓋然性が疑わしいだけでなく、伝統の価値観である節度[133]と、新世界の産物である「ヒュブリス（hubris。傲慢）」が対立し、なおかつ非常に不平等なものになりそうなのだ。[*134] たとえ、友好的な人工知能が実体化されても、その推進者の主張に反して、人々が分断されることは避けられない。意識を機械にアップロードできたとして、その技術の恩恵を受けることができる人がいる一方、見捨てられてしまう人々が出てくるだろう。このように、シンギュラリティは人間の不平等を生む上に、見せかけだけの幻想で、倫理に反する危険な考えだ。しかし問題はそれだけではない。シンギュラリティは人間中心主義（ヒューマニズム）と断絶している。この点において、シンギュラリティは人間を超えた存在を生物学的に目指す考え方とは一線を画す。たとえばリュック・フェリーは『トランスヒューマニズムの革命[135]』の中で、生物学的なトランスヒューマニズムとは、『自然を超越した形』でヒューマニズムを継続させようというものである」と訴えた。彼にとってシンギュラリティは、むしろ

＊ヒュブリス（hubris）は、ギリシャ語で「度が過ぎていること」や「尊大さ」を意味するhybrisが語源となっていて、過度な自信に浮かれている状態を示している。

「サイバネティックなポストヒューマニズム」と関係があり、それが進める「危険なサイバー化計画」は、「生物学よりもロボット工学や人工知能研究を優先させ、人間と機械の完全な融合を目指すものである」と綴った。

シンギュラリティが到来してしまえば、人類が滅びるにせよ、人間が自分の作り出した機械に支配されるにせよ、また、より楽観的に考えたとして、情報技術により人間とテクノロジーが融合して、意識が機械への移行を果たすにせよ、いずれにしても人間の意志というものは無意味なものになるだろう。人類が滅びるという第一の可能性では、人間の意志などもちろん存在しない。また、機械が人間を支配するという第二の可能性でも、人間の意志というものはなくなる。人間は機械の奴隷の地位に追いやられ、動物的に生きながらえることが唯一の望みとなる。もはや、自分が奴隷の地位から解放されるという望みなど、一切手放してしまうだろう。それでは、三つ目の可能性、機械と人間の融合という、特に奇抜な可能性についてはどうだろう。もしそんなことができたならば、人間は自分の欲望を、すぐその場で満たすことができるようになるだろう。人間の欲望充足を妨げるものがなくなれば、人間は世界と切り離された存在とは言えなくなる。世界と同化してしまえば、人間の意志は消滅してしまう。人間の生きている時間は平坦なものとなり、大きな変化も起こらない。要するに、人間は神のような存在となるのだ。しかし、人間とは本来、中間的な存在であると言える。天上的な存在と地上的な存在、生と死の中間の存在なのだ。中間的であるという人間の性質は、ヒューマニズムの伝統にとって重要な点であった。人間は誕生時からそうであると、ルネサンス期の思想家ピコ・デラ・ミランドラが言及している。

〔神は〕人間というまだ何物でもない存在を作りあげ、世界の中心に置いた。それから、人間に次のような言葉をかけた。

「アダムよ、私はお前に定まった場所を与えず、定まった外見も与えず、特別な才能を与えなかった。それは、おまえ自身が場所や外見、才能を、望んだ通り、考えた通りに手に入れることができるようにするためであった。他の動物たちに対しては、私はその性質を定め、従うべき規則を定めた。しかし、お前は、どんな制約にも縛られていない。お前は、私がお前に与えた判断力を用いて、自分で自分の性質を決めることができるのだ。私がお前を世界の中間の場所に置いたのは、お前が、周りの世界を望むままに調べることができるようにだ。お前たちを天上の存在にも、地上の存在にもせず、死すべき存在にも不死の存在にもしなかったのは、その両者を調停する力を持たせるためであり、自分自身を変えたり、作りあげたりすることのできる名誉ある力を持たせるためである。お前たちは自由に自分たちの姿を作りあげることができる。獣たちのような、より下等な存在へと堕落することもできるし、確固たる精神の力によって、神のような高次の存在へと生まれ変わることもできるのだ[136]」

シンギュラリティ以後の人間は、このような、「調停する力」や「自分自身を変えたり、作りあげたりすることのできる名誉ある力」を奪われ、「より下等な存在へと堕落する」こともできなければ、「確固たる精神の力によって、神のような高次の存在へと生まれ変わる」こともできない。つまり、人間の意志はもはや必要とされなくなるということだ。

このような意志の喪失に加え、いや、むしろ意志の喪失にともなって、人間はあらかじめ定められた場所に「身を落ち着ける」ようになる。人間は現在の自分を超えて新しい自分になろうとすることもないし、外の世界もなくなる。それは、人間の誕生以来の条件がなくなってしまうことを意味する。その人間の条件について、ギュンター・アンダース[137]の短い言葉を見てみよう。

人間というものは、生まれた時から何かを所有しているわけではないし、必要なものを満たして世界と調和できている存在でもない。人はもともと何かが足りない状態であり、自分の望み通りではない現実、すでに作りあげられてしまった現実に支配されているのである。世界にとって人間は異質で、うまく調和することができず、世界から切り離された存在である。だからこそ人間は、外の世界の現実について、思いがけない問いを投げかけるのだ。

シンギュラリティに賛同する人々は、人間が死や苦痛を逃れ、永遠に生きていくためには、世界と完全に調和し、外の世界の現実に人間を適応させるべきだと主張する。しかし、言葉を変えるならばそれは、出口のない要塞の中に監禁されることを意味する。そして、完全に閉じこめられたと悟った時にはもう、完璧な世界が完成していて、自由なふるまいはすべて、違反行為とみなされてしまうのだ。私は先ほど、138仮像という言葉を用いて、グノーシス主義が、その母体となった啓示宗教から離れていった経緯を詳しく示した。また、強い人工知能、もしくは汎用人工知能についても、仮像によって、本来の意味での人工知能からかけ離れていった経緯を説明した。結局、このシンギュラリティ自体も啓蒙主義におけるヒューマニズムの仮像なのだ。どちらも、人間が自然を支配するという希望、いや、途方もない野望を持っているため、一見すると同じものに思える。だが仮像である以上、シンギュラリティは見た目こそ同じではあるが、啓蒙主義とはまったく別のものに変化している。啓蒙主義には、ヒューマニズムの名のもとに進歩を限りなく続けていこうという理想がある。そして、そのためには外の世界へ自らを無限に解放していかなければならない。だがシンギュラリティは、完璧に作りあげられた結末の中に、未来を閉じこめてしまうのである。

第八章　偽りの人類愛

放火魔の消防士

現在、インターネット業界の表舞台に立っている大企業は、フランスでは、GAFAや、GAFAM、NATUというふうに総称されている。これらのいわゆる「ウェブ業界の巨人」は、シンギュラリティの宣伝に巨額の資金を投じている。[*] 前述のように、ビル・ゲイツやイーロン・マスクはシンギュラリティに関して積極的に発言しているし、ノキア、シスコ、ジェネンテック、オートデスク、グーグルといった大企業は、シンギュラリティについて学ぶ教育機関であるシンギュラリティ大学に出資し、[139] イーロン・マスクは、未来生命研究所という人工知能の安全性について研究している団体に一〇〇〇万ドルという太っ腹な寄付を行なった。[140] また、二〇一二年一二月には、グーグルがレイ・カーツワイルを雇い入れた。スチュワート・ラッセルやニック・ボストロムはシンギュラリティについて積極的に言及しているが、彼ら科学者・哲学者は、先ほど例示した大企業が出資する団体からの援助を受けている。[141] このように、情報産業やウェブ産業、通信産業の大企業が、大金を投じてシンギュラリティという仮説の信奉者を援助しているのである。

これはなんとも皮肉な状況だと言えよう。これらの大企業は、自ら率先して情報技術の発展を推し進めているというのに、その情報技術こそが人間を破滅に追いやると自ら警告しているのだ。これではまるで「放火魔の消防士」ではないか。彼らは自分たちで望んで火をつけておきながら、その火を消すために先頭に立って奔走している。グーグルは、テクノロジーによる人間の尊厳や民主主義、善の基準の侵犯を防ぐために、国際的な倫理憲章を制定する倫理委員会の設立を約束している。だがそのグーグル自体が、恥ずかしげもなくヨーロッパの倫理規定に違反しているのだ。グーグルは、ネットに掲載された情報の削除（忘れられる権利）を求める個人の申し出を無視し続けている。元来慈善事業を行なっているわけではないだけに、これら大企業の本当の目的は謎に満ちている。よってここでは、本書の結論として、シンギュラリティの宣伝を行なう企業の目的を探ってみたい。それには三つの仮説を考えることができる。

傲慢

ひとつ目の仮説は、ウェブ業界の大企業の経営者たちのヒュブリス、つまり極端な自己陶酔と傲慢である。彼らの大半は若くして、ほんの数年で、これまで見たこともない驚異的なスピードで莫大な時価総額を記録し、社会の様相を変えてしまった。遮(さえぎ)るものは何もなく、向かうところ敵なしである。ディープラーニングといった手法やビッグデ

＊　GAFAは、グーグル、アマゾン、フェイスブック、アップルのこと。マイクロソフトを加え、GAFAMと呼ばれることもある。フランスでは、これらの大企業が裏で世界を操っているという大きな危機感とともにこの言葉が用いられる。しかし、分析を歪めないよう、こうした意見を安易に受けとめることは差し控えたい。

GAFAやGAFAMに続き、最近ではNATUという呼び名が誕生し、情報技術の業界で「限界を突破」した四つの大企業、ネットフリックス、エアビーアンドビー、テスラ、ウーバーを総称している。また、今もなお業界に巨大な影響力を保持する「ウェブ業界の巨人」企業としては、ツイッター、ヤフー、ペイパルの名が挙げられる。

ータを活用して成功を手に入れたことで、彼らは自信を得たのだ。未来の鍵を手に入れた自分たちこそが、人間の新しい時代を切り開いていくと信じて疑わない。カール・マルクスとアルチュール・ランボーの言葉を借りるなら、マルクスが説くように「世界を変え」たので、これからは、ランボーが言う「人生を変える秘密」を発見するのである。思いあがりも甚だしいが、自分たちはその改革の先導者だということなのだろう。たとえば「未来生命研究所」という名前そのものが、人生を変えるという彼らの野望をよく物語っているではないか。同じく、グーグルが二〇一三年に設立したバイオテクノロジー企業のカリコも[142]、生物の老化のメカニズムを研究し、老化を防ぎ、寿命を際限なく延ばそうと画策している。シンギュラリティという物語は、ウェブ業界の巨人たちが進めるテクノロジーの進歩と完全に足並みを揃え、熱狂のさなかにあるようだ。

見方によれば、科学的な偉業やこれからも続くはずの改革に対するこうした熱狂は、啓蒙主義の哲学者が生んだ人間中心主義を引き継いだものだと言える。これを理解するために、コンドルセが書いた『人間精神進歩史』の一節を見てみよう。彼はここで、人間の寿命はこれから限りなく延びていけるのかと問うている[143]。

こんなことを考えてみる——人類が改良されていくさまは、限りない進歩が約束されている証であること。死が重大な事故、もしくはゆるやかに進む生命力の消滅によってのみもたらされる時代が来ること。誕生からこの消滅までの平均寿命というものに、一切の期限がなくなること——こうした考えは、話にもならないのだろうか。

このように、シンギュラリティと啓蒙主義の立場は非常に近い関係にある。しかし、それにもかかわらず、先ほど見てきたように、シンギュラリティが到来するという知らせは、コンドルセの表明した限りない進歩への希望を打ち砕く。シンギュラリティの信奉者たちは、啓蒙主義が理想としたような限りない進化を想定してはいない。彼らは進化の過程で、ひとつの大きな断絶を想定している。その断絶を超えてしまえば、人間性というものは大きく揺らぎ、人間はもはや人間ではなくなるのだ。よって、シンギュラリティという仮説により喚起された曖昧な不安感が、自分の功績に有頂天になっている研究者や技術者の熱狂を冷ますのである。シンギュラリティの信奉者は、必ず到来する変化を告げ、その恐るべき危険性を訴える。彼らが訴えるのは、それを避ける方法ではない。彼らによれば、その到来は不可避だからだ。そうではなく、彼らはその衝撃を少しでも和らげ、人間にとって致命傷にならない方法を訴える。ここまで見てくると、やはり、シンギュラリティが引き起こす不安は、彼らが持つヒュブリスとは相いれない。確かに、シンギュラリティの主張の中に一種の傲慢さが隠れてはいるのだろうが。

参加型経済＝破綻へつながる経済

実はこの不安こそが第二の仮説である。ウェブ業界の巨人たちがシンギュラリティを推し進めるのは、傲慢だけが理由ではない。彼らは科学技術の発展に熱狂するとともに、テクノロジーの進歩をコントロールできなくなり、人間が自律を失うのではないか、という危うさも感じている。つまりシンギュラリティという考え自体が、その危うさを反映したものなのだろう。一見すると、ウェブ業界の巨人たちが不安感をもっているという主張は、意外に思えるかもしれない。彼らは、世界に強固な帝国を築きあげているからだ。しかし、GAFAやGAFAM、NATUという総称がわれわれに与えるイメージとは裏腹に、これらの企業をそれぞれ個別に見ていけば、彼らの成功には、偶然の要素や不安定な要素が含まれていることがわかる。自らのコントロールの及ばない要素があるのだ。そこが、一九世紀、二〇世紀に台頭した実業家たちとは異なっている。彼らは確固とした意志をもって、自身の考えを企業に対しても、社会に対しても主張した。

自身の進むべき方向を戦略として掲げ、それに従って企業を導いていったのだ。それに対して、現代の企業経営者は、消費者におもねるような態度を示す。彼らには消費者の声を聞く必要があるからだ。企業は常に消費者の意見を聞き、消費者の興味を引き続けなくてはならない。どんなことをするにせよ、常に消費者の喜びそうなことを先取りするのである。だから、企業は常にデータをもとに、消費者の喜びそうなことを先取りするのである。だから、企業は常に個人のブログを調べながら、消費者の望んでいることや、気持ちの変化を知ろうと必死になる。近年は特に、消費者の望みをより的確に知るために、ビッグデータを活用したり、大量に集めた情報の中で消費者の好みを表わす「かすかな手掛かり」を手に入れたりして、新しい流行が明確に現われる前に、その端緒をつかもうとする。彼らはさまざまな意見が表明されると即座に対応し、技術革新が行なわれたら、誰よりも早くそれを取りこもうとする。

このきっかけとなったのが、二〇〇四年に登場した「ウェブ2・0」だ。これは、従来のソフトウェア開発者の行動にしみついていた古いビジネスモデルに代わる形で世に現われた、新しいビジネスの流れを促すシステムである。基本的な特徴は、使用の際の結果をフィードバックとして体系的に利用し、消費財への考え方を継続的に改善していこうというものだ。これまでの伝統的な商品開発は、経営者が基本となるアイデアを出し、技術者にそのアイデアをもとに製品化させ、それから労働者に実際の製造を行なってもらい、販売員が製品を消費者に販売するという流れだった。ところが今は、消費者、技術者、販売者、経営者が、企画、製造、販売といったそれぞれの段階に、みんなで参加するというサイクルが繰り返される。ウェブ2・0は、二〇〇〇年代の「ネット経済」の投機的バブルが崩壊した後に現われたものだ。まずは、失敗したウェブ企業と成功したウェブ企業のそれぞれの原因を探ることから始まり、結果、それまでのようなやり方ではインターネットの世界には通用しないことがわかった。そこで、経営者、技術者、営業担当者、消費者のそれぞれが、ともに商品開発に参加する新しい基本方針が打ち立てられたのだ。ここからわかるように、ウェブ2・0は、単にウェブ自体が新しく生まれ変わったのではなく、ウェブ上の経済をリライトしたものなのである。つまり、古いソフトウェアを再利用したり簡単な修復をしたりするのではなく、全く新しいバージョンに書き直したのだ。特筆すべき技術革新があったわけではない。ウェブを発信する道具である機械自体はすでにあって、使われていたものだ。刷新されたのは商品を取り巻く構造の形態であり、その中心にいるのは消費者である。消費者は選択したり、行動したり、評価したり、時には直接企業に提案することで商品の成立に関わる。こうした変化により、企業の経営者たちにとっては、消費者の意向が何よりも優先され、従うべきものとなった。そしてこの時から、企業主導で進めていくことができなくなったのだ。個々の消費者の好みや欲望、求めていることを、できる限り観察し、把握して、何とか彼らの信頼を得て、ライバルを出し抜くことだけで満足しなくてはならない。

これらのことからわかるように、現在の産業界は非常に不安定だ。それは、IBMのような圧倒的な大企業であっても例外ではない。ましてや数年で出来上がったような企業（フェイスブックは二〇〇四年設立、ツイッターは二〇〇六年、エアビーアンドビーは二〇〇八年、ウーバーは二〇〇九年、最古参のグーグルでさえ一九九八年）は、あっという間に形勢が崩れ、忘れ去られてしまうかもしれない。今でもライコスやアルタビスタのような初期の検索エンジンを覚えている人がいるだろうか？　リュック・フェリーが『トランスヒューマニズムの革命』の中で述べているように、消費者参加型の経済は、企業同士の対立を生み出した。その激しさは過去に例のないものとなっている。

現代の経済は、ダーウィンの言う自然淘汰のような機能を果たしている。世界規模の競争原理の中で、企業はほぼ毎日、世間の動向を気にかけ、新しいものを生み出していく必要がある。それができない企業は消えていくのみだ。大規模で絶え間ない技術の革新が経済の発展を引き起こし、経済の発展がまた新たに技術の革新を支える。このようにして、人間は世界を支配する力を増やしていくのだ。ところがこのようなプロセスがだんだんと独り歩きし始め、人間の手に負えない、盲目的なものになっている。技術の発展は個人の意志を超えているだけでなく、それぞれの国民国家の意志ですら届かない。それは競争が必然的に招いた結果に他ならない。[144]

今や私たちの世界は制御が利かなくなっている。技術革新の恩恵を最も受け、その世界で成功している人々ですら、いや、むしろそういった人々こそが、世界を制御できなくなっているのである。ここでまたリュック・フェリーの言葉を見てみよう。

> 啓蒙主義の抱いた文明化の夢を受け継ぎながらも、技術のグローバル化は歯止めがないまま突き進み、現在のような混乱した状況、明確な目標すら与えられない状況に陥った。もはや私たちは、どこへ向かっているのか、そしてどうしてそこへ向かうのか誰もわからないのだ。[145]

近い未来ですら不安定で予測できないという状況に多くの人が危機感を抱いている中、運命から逃れられないという考えは、いくつかの企業、特に、過酷な競争の中でいつかは敗北することを予感している企業にとっては、シンギュラリティの不可避性とつながっている。

さて、このように、企業がシンギュラリティの宣伝に力を入れる理由をふたつ考えてみたわけだが、この傲慢と不安をあわせて考えてみても、ハイテク企業がこぞってシンギュラリティの宣伝に巨額を投じている理由を説明するのには不十分だ。先ほどまで詳しく見てきたように、彼らの考え方は常識から外れている。競争が激化している中で、企業がシンギュラリティというあやふやな仮説を支持して未来への疑問を正直に告白することなどありうるだろうか。そんなことをすれば、競争相手や一般の人々に対して、企業の信頼感を失うことになりはしないか。自らが陥る状況にせよ、一般の人々が陥りうる状況にせよ、情報技術分野の企業が、未来に対する不安を自ら進んで表明するためだけに、シンギュラリティを宣伝するとは考えられない。たとえ、テクノロジーが人間の支配を離れたとしても、これらの大企業は依然として、権力と知識を持ったリーダーとしての地位を保ち続けるだろう。彼らがナスダック146という巨大モノポリーゲームの中で日夜策略を巡らしていることを知らない人間はいない。企業から企業へ売買を繰り返し、時にはあれこれと計画を進め、いったん保留しては、好機到来と同時に再開させる。彼らのこうした性質を考えると、自分たちや人類全体に対する危機を知らせるためにシンギュラリティを広めているという第二の仮説は、説得力のあるものではないだろう。

宣伝

先に言及したように、過去のカタストロフィーは、実際に起こったものであろうと、想像上のものであろうと、人々の関心を集める。それが未来のカタストロフィーであれば、よく作りこまれているほど、広く大勢に受け入れられるものだ。シンギュラリティにしても例外ではない。SF小説や未来予想の映画という形で広まったり、有名大学で教鞭をとっている教授、ノーベル賞を受賞した学者、大成功した実業家といった権威ある人々の声明が話題になったりと、さまざまにパッケージされて、世間に大量に広まっている。そのことは、メディアがシンギュラリティに関する話題を日々発信して、人々にその存在を信じこませようとしていることからもわかるだろう。そう考えてみると、大企業がいくらかの費用を使って、シンギュラリティを宣伝する理由も納得できる。実際、シンギュラリティという考え方によって、今後、テクノロジーが際限なく支配力を増し続けていくこと、そしてテクノロジーこそが未来への鍵を握っていることは明らかだ。ここから第三の仮説が導き出される。シンギュラリティは、ハイテク産業が宣伝という目的のために持ち出した、という仮説である。

研究所や大学がシンギュラリティの宣伝のために投資をしているという事実は、この仮説を用いればうまく説明できる。だがこのように言うと、ハイテク企業はシンギュラリティを宣伝することで自らのイメージを損なうリスクを冒している、という反論も出てくるだろう。確かにシンギュラリティを宣伝することは、先ほど述べた「放火魔の消防士」のような二面性を持つ。一方では、自らがテクノロジーの進歩を担い日々の生活を向上させているのだと主張し、もう一方で、自らが進めていることが人間にとって脅威になると叫んでいるのである。では、一見すると矛盾するこの認知的不調和の状態を解決するために、シンギュラリティという考えの核心をとらえてみよう。その核心には、テクノロジーが今後自律的に進歩していくという予想がある。ハイテク企業の経営者たちは、ムーアの法則のような万物に通用する法則を持ち出し、テクノロジーは自ら進歩すると断言する。自分たちがテクノロジーの改善をする必要がなく、何が起ころうともテクノロジーの側で改善に向かってくれると主張することで、自らの責任を回避しているのである。彼らが引き受けることは、テクノロジーを人間的なものにすること、人類の幸福に貢献する意志を持つこと、そして、耳を傾けるということだけだ。同時に彼らは、自分たちには問題点を把握して、人々に先立って変化を予見する能力があるとも訴える。テクノロジーに精通した寛大な企業が、清き心や人類愛から未来に起こる変化を警告し、より良い生活や、寿命を延ばすための手助けをしてくれるというのである。グーグルの企業理念は、多くのハイテク企業によって飽きることなく繰り返されているわけだが、これこそが彼らの理想を完璧に表現している——making the world a better place「世界をより良い場所にする」。つまり、シンギュラリティを人々に定着させるための宣伝は、企業が生み出すものの質を人々に知らせようという目的で行なわれるわけではなく、自分たちが公共のために正しいことをする企業であるというイメージを広めるためのものなのだ。だからこそ、多くのハイテク企業が、倫理観を示すために将来の改善につながるようなさまざまな行動規範を作り、中でもグーグルは、悪を憎む気持ちを強調するためにスローガンを掲げたのだ——don't be evil「邪悪になるな」。実に象徴的な文言だと言えよう。

偽りの善意、偽りの思いやり

しかし、ハイテク分野の大企業がシンギュラリティを広めようとする行為の中に、善意や思いやりを示すという意図があるとしても、今度はそれ自体が偽りではないかと疑わざるをえない。本当に、自分たちの良いイメージを示すためだけにシンギュラリティを宣伝しているのだろうか？ その宣伝戦略の裏に、もっと大きな目的、本来の政治的な目的を隠してはいないだろうか？

これらの企業は、すでに圧倒的な成功を手に入れていることを考えてみてほしい。彼らはとりあえずのところ、これ以上、何が何でも金銭的な成功を追求する必要はない。短い期間での金儲けは彼らの真の目的ではない。最初の段階から、彼らの野望はもっと遠くを目指していた。彼らは新しい社会を確立しようとしているのだ。つまり、彼らの目的は、今も昔も、経済的なものではなく政治的なものなのである。二〇〇一年に、グーグルの共同設立者、ラリー・ペイジが掲げた目標はそのことをよく物語っている。彼は、世界の情報を組織化すること、世界のどこにいても情報にアクセスできるようにすること、そして、その情報を有益なものにすることが目標だと言った。[147] 現在、彼らの築いた経済帝国は莫大な規模となっている。通貨はユーロ、ドル、元とさまざまだが、一億、一〇億といった規模の金額が動く。実際、彼らが行なうベンチャー企業の買収は、この莫大な単位の金額で進められている。

注目すべきは、このような大グループの経済は急ごしらえであり、実質的なサービスによる目に見える利益から成り立っているわけではなく、投機的な要素が強いということだ。彼らの事業は多くの場合、奇妙なことに、無料のサービスの提供によって成立している（検索エンジンやソーシャルネットワークなど）。彼らが利益を得るのは、広告など、本来のサービスに付随する有料のサービスからだ。これらは本業に比べると副次的なサービスであるが、規模は大きく、莫大な収益になる。つまり、多くの場合、これらの企業がどのくらい成功しているかを測るためには、資産額の増加や、場合によっては証券取引所での株価の上昇によって測るしかない。こうしてみると、噂に反し、GAFAやNATUが裏で結託して陰謀をはかっているわけではないことがわかる。なぜなら彼らも資金を得るために互いに競いあっているからだ。とはいえ、いずれの大企業も、他を圧倒することはできないと考えてもいる。それは、彼らの会社がある北アメリカの法律が、独占を禁止しているからだ。

結果として、こうした投機的な事業を進めていくために、これらの企業は常に新しい場所へ関心を持つことになる。つまり、彼らは自分の権力が及ぶ新天地を探しているのである。今までのような地理的な境界線をはみ出たり、新たな地域が加わったりと、彼らの支配する地域は旧来の国境の枠にとどまらない。ハイテク産業の企業は、こうした新しい土地によって新たに大きな利益を獲得し、支配力を強めていこうとしている。こうして見てくると、彼らの戦略の中核に、新しい地域の獲得があることは容易に理解で

きるだろう。彼らの意図は、まったく新しい政治的な広がりを持っている。そのことにより、地球全体の勢力バランスは全面的に変わるだろう。

おそらく、大昔、人類が定住生活をはじめ、農業が生まれた時代に国というものが生まれ、そして、特に中世の終わりから、世界は国家という枠組みによって区切られてきた。国家はそれぞれの領土を手に入れ、その領土の支配力を固めようと望んだ。それが今日、インターネットの登場で、権力の及ぶ地域はもはや国家の領土と重なりあわなくなってしまった。今や、ある国に何年も暮らしていても、必ずしもその国の言葉を話さなくてもよく、その国の習慣に従わなくてもよい。それればかりか、自分がどこに暮らしているかまったく意識しないことすら普通になった。人々はよその国に暮らしながら、日々自分の生まれた国とともに生活することが可能になったのである。しかも、国家の権威がもはやその領土に暮らす人々に全面的な影響を与えなくなったのだ。これからの時代は、物を買ったり、コミュニケーションを取ったり、働いたり、交換したりということを、自国の地理的な国境を越えて、ほぼ自由に行なうことができる。同時に国内でも、大組織、たとえば銀行、省庁、企業といったさまざまな組織は、徐々にサイバースペースへの依存を深めている。とはいえ、そのサイバースペースが海外からの攻撃にさらされても、国家はそれに対してまったく、あるいはほぼ何も対策を打ち出していない

のが現状である。

このように、国家と領土の関係が変わっていく中で、近代の主権国家が受け持つとされてきたいくつかの役割に関して、国家の能力はハイテク企業の能力に大きく先を越されている。今やハイテク企業が、国家の役割をより巧みに、より安価で担えると主張するまでになった。その範囲は、保安、税の徴収、貨幣の管理などの、伝統的に国家に属していた役割にも及ぶ。それればかりでなく、教育、保健、文化、環境に関しても、役割の移行が進んでいる。そのことをより深く知るために、いくつかの例を挙げて、ウェブ関連企業がこれらの役割を引き受けると主張している姿を見ていきたい。

生体認証

犯罪対策として重要なのは、容疑者の素性を特定して犯罪を未然に防ぐことである。ビッグデータやディープラーニングの活用によって、人間の指紋や声、顔、そして眼球の虹彩などを認識する能力が大幅に向上し、個人の特定が格段に容易になった。技術的な面では、アルゴリズムによって音声を自動的に処理して人間の言葉を認識したり、画像処理をして、指紋や顔、虹彩を認識したりする。画像処理の手法を使うためには「特徴点」、フランス語で言うと海事用語から借用したアメール（amer。航路標識、ランド

マーク）の収集から始まる。人間の顔の特徴点は、唇の接合部、鼻孔、目の端、眉などである。これらの特徴点や特徴点同士の位置関係を測り、機械学習プログラムに大量の例を蓄積して特徴をリスト化し、個人の特定や区別をするのだ。よって、学習アルゴリズムが活用できる例が増えるほど、認識能力は向上していくのである。さて、フランスでは法律上の理由から、要注意人物の顔写真を送信することが、たとえ行政機関であっても禁じられている。もちろん、一般人の画像収集などもってのほかだ。よって顔認識技術を保安に役立てることができない。一方、フェイスブックや、グーグル・プラスといったソーシャルネットワークは大量の写真を収集している。* そして、この数千万枚、数億枚もの画像** をディープラーニングに利用し、ソフトウェアに人間の顔認識を学習させている。現在これらの企業では、オンラインで支払いや口座開設を行なっているユーザーの人物確認や、違反行為をした個人の特定、警察が捜索中の人物の発見などが可能

＊　企業名を挙げると、ディープフェイス（フェイスブック）、フェイスネット（グーグル）、フェイスファースト、フェイスシックス（www.face-six.com）などである。これらは顔認識技術の専門企業で、驚異的な成果を記録している。ディープフェイスは二〇一五年に、顔認識の精度を九七・二五パーセントと発表している。これは人間の認識能力とほぼ互角である。フェイスネットはなんと九九・六三パーセントを記録したそうだ。

となっている。この例からわかるように、将来、国民の安全は国家よりも企業によってより確実に守られるようになるだろう。国家はシステムや法律のせいで、機械学習のアルゴリズムを発展させるだけの画像を集めることができないのだ。

このことに関連して、ある事例を見てみるのも無駄ではないだろう。ニース市長のクリスチャン・エストロジは、二〇一六年四月、ニースでサッカー欧州選手権ユーロ二〇一六が開催された際に、市民の安全を守るため、顔認識ソフトを搭載した監視カメラ付きのゲートを設置しようと働きかけた。しかし、そのすぐ後の二〇一六年七月、同じニースでトラックによる痛ましいテロ事件が発生し、市の防犯対策が役に立たないことが露呈してしまったのだ。群衆の中で顔を認識することの技術的な困難さとは別に、収集できる画像数の限界や、国が捜索している人物の画像を市に送付することができないという法律上の限界があるため、公共機関はどうしても保安に関して有効な手段を打ち出せない。一方、インターネット関連の民間企業ならば、さまざまな方法を実行に移すことができるのである。

身分登録

若者世代にとって、フェイスブックや、リンクトイン、マイスペース、ツイッター、ヴィアデオ、インスタグラム、スナップチャットといったソーシャルネットワークのページを持つことは、生活する上で必要不可欠なことになっている。彼らはそこに、自分のプロフィールや日常生活、交友関係などに関する情報を提供している。その情報量は公共の行政機関に提供するよりもはるかに多い。企業はすでに採用の際に、応募者の人柄や社会生活を知るため、それらの情報を利用している。それならば、国家が、個人情報の管理をこれらのソーシャルネットワークサービスに委託していけない理由があるだろうか。確かに、一見するとこの案は突拍子もないものに思えるだろう。しかし、ソーシャルネットワークサービスならば、国よりも低いコストで、正確に、そして詳細に情報の管理を行なうことができる。なぜなら、それらのサービスはすでに、利用者の結婚、出生、団体への所属、離婚、死亡といった必要な情報を入手しているからだ。また現在、情報を管理しているのは数多くの地方自治体であるが、その地方自治体も破綻の瀬戸際にある。それならば、ソーシャルネットワークサービスが管理した方が、出生証明書や結婚証明書などをより早く、より簡単に手にすることができるだろう。だとすれば、そ

＊＊　フェイスブックの子会社であるディープフェイスは四四〇万枚の画像を機械に学習させている。フェイスネット（グーグル）は二億枚である。

のことに何の問題があるのか。フランスでは、個人情報は何世紀もの間、カトリックの聖職者に管理され、その後フランス革命をきっかけとして、市役所が管理の役割を担った。ならば今の時代、民間の組織にその管理を任せていけない理由はない。彼らのほうが市役所よりも情報を多く持っているし、安くて信頼できるではないか。

暗号化

何世紀もの間、強固な国家はすべての情報の把握に努め、それを検閲権の行使や犯罪者の追跡、治安維持に利用してきた。そのためフランスも国民が暗号化の技術を使用することに対して規制を加える法律を制定し、最終的には、交わされる情報を国家が解読することになった。しかしその後、通信ネットワークが驚異的に発達し、特にインターネットが普及したことで、信頼できる暗号化技術が必要不可欠となった。実際、情報の機密性や安全性が確保されていない電子決済や商取引など、考えられない。フランスでは一九九八年二月二四日に制定された政令第九八‐一〇一号において、情報の暗号化技術の使用がいくつかの条件付きで認められた。また、その条件も、二〇〇七年五月二日に制定された政令第二〇〇七‐六六三号において変更されている。今日、ヨーロッパ諸国では、暗号化されない情報のやり取りなど考えられない。その結果、国家は国民に対する支配力を弱め、立場を脅かされているのだ。

これを象徴するのが、二〇一五年一二月二日にサンバーナディーノで発生した銃乱射事件に続くアップルとアメリカ連邦政府の対立である。FBIはテロリストの誰かが所有するiPhoneを見つけ、データの内容を読み取り、殺人犯とイスラム国との関係を明らかにしようと試みた。そこで、アップルにiPhoneの暗号化解除の協力を要請したが、アップルはこれを拒否したのだ。この事件は、国防や国民保護において、国家の権威が民間企業によって傷つけられたことを示す例である。

このもうひとつの例として、二〇一六年の夏に起こった事件を取りあげよう。フランスのベルナール・カズヌーヴ内務大臣とドイツのトーマス・デメジエール内務大臣は、同年八月、テレグラムやワッツアップのようなメッセージアプリによって、テロリスト同士で暗号化されたやり取りが行なわれているとして、ヨーロッパの人々に対し、これらのアプリの暗号化を解除すべきだと訴えた。[148] これについて、全国デジタル評議会（CNNum）が論評を発表した。[149] 論評はまず《ル・モンド》[150]紙に発表され、その後ドイツ語に翻訳されてドイツのIT系出版社ハイゼのウェブサイトのジャーナル欄に掲載された。[151] 論評では、国家が国民の安全を守るための特権を用いようとしても、ウェブ関連の新興企業の策略により、あらゆる困難に直面している厳しい現状が示されている。

クリプトアナーキー――ブロックチェーンとビットコイン

一九九〇年代の初頭、ウェブの発明から間もなく、インテルの技術者であるティモシー・メイが、暗号技術や、個人の生活を守る必要性をテーマとしたSF作品を発表して話題になった。彼は「サイファーパンク」[152]という運動の創始者とされている。また「クリプトアナーキー」[153]についての考察を発表し、大きな反響を呼んだ。

ここでクリプトアナーキーについて説明しておきたい。似た言葉に、クリプトコミュニズムがあるが、これは「クリプト＝隠れた」共産主義、つまり、共産主義に共感を抱きつつも、運動に参加するような表立った行動を示さず、隠れて賛同している状態を指す。クリプトアナーキーはそうではなくて、クリプトグラフィー（暗号学）を用いた無政府状態という概念を表現している。具体的には、各グループが秘密を完全に守った状態でメッセージのやり取りを行ない、信頼できる第三者や、取引を監督して正統性を保証するような中央権力の介入を認めないことを指している。ティモシー・メイは、ウェブ上の取引で、不正ができず、しかも、中央銀行や国家の仲介もない金融取引、つまり暗号化された仮想通貨を用いる金融取引を可能にしてくれるようなアプリケーションの開発を目指した。その後一九九九年にウェイ・ダイがb-moneyと呼ばれるシステムの構想を発表するなど、[154]さまざまな試みがなされた。そして、二〇〇八年にサトシ・ナカモトという偽名を用いた謎の人物が、ビットコインという仮想通貨を発表し、通貨の暗号化を提唱したのである。[155]*これは、ブロックチェーンという共有化された通貨台帳を使って商取引を行なうものである。ブロックチェーンを用いることで、偽造ができず、しかも分散された取引が可能となる。翌二〇〇九年、フリーソフトによってこのビットコインは広まった。ビットコインについては、法律上の扱いが定まらず、中央銀行が危惧を表明し、特にフランス銀行は二〇一三年一二月にビットコインの危険性を訴えている。それにもかかわらず、ビットコインは誕生以来、徐々にその存在が認められてきている。これまで「貨幣の鋳造」は主権国家の持つ重要な特権だった。ビットコインの登場によって、われわれはこれまで国家が担ってきた重要な役割が、ハイテク分野の大手企業によって奪われるという事態を目の当たりにしている。

＊　二〇一六年五月、オーストラリア人起業家のクレイグ・ライトが、自分がビットコインの生みの親であり、サトシ・ナカモト本人であると主張した。しかし、クレイグ・ライトが示した証拠は説得力がないと判断され、この主張はいまだに議論を巻き起こしている。

土地台帳

税金徴収のために土地台帳を作成することも、主権国家のもつ大きな特権のひとつである。もし、現在のギリシャのように、国家が土地台帳を作成できない状態になれば、税収が滞り、国家は危機に瀕する。一方、今ではグーグルやアップル、マップス・ドット・ミーといった大手企業が、正確な地図を低コストで作成している。ギリシャのような危機に瀕した国家が、土地台帳の作成をこういった大企業に依頼すれば、国家がそのための機関を自ら創設するよりも安価で、信頼性があるものを作成できるだろう。

その他の分野

二〇一五年一一月三〇日[156]、フランス国民教育・高等教育・研究大臣のナジャット・ヴァロー＝ベルカセムは、フランス国家の代表者として、マイクロソフトと協定を結んだ。これにより、このデジタル時代に、マイクロソフトが教育分野で技術的にも知識の上でもすぐれた役割を発揮する、ということが公式に認められたのである。この協定により大臣は、中でもマイクロソフトに、「学校において、コンピュータを使いこなすことのできる人材」育成への援助、たとえば、国民教育省の人員や大学分野での人材の育成、そして、教育者の養成といった場面での支援を要請した。マイクロソフトに対しては特に、「プログラミング教育に特化した授業を進めることができる教員育成への援助」を依頼している。マイクロソフト側は、人材育成を容易にするために、学校現場にソフトウェアを惜しみなく提供すると提案した。しかし、この提案は、情報通信システムにおける省庁間連携局が二〇一五年に発表した「相互運用性に関する一般ガイドライン」2・0版[157]の勧告に反するようだ。このガイドラインでは、各省庁が扱う文書は、txt、odf、pdfといったオープンフォーマットで統一し、マイクロソフト独自のソフトやフォーマットは使用しないことを求めている。

ここでもまた、国家は公共教育という分野で権限を手放すこととなる。フランス共和国の伝統にとって特に重要であった教育が、巨大企業に引き渡されるのだ。

ほかにもさまざまな企業が、これまで国家が担ってきた役割を引き受けることを提案している。その例を見てみよう。

▼健康の分野では、ネットワーク機器によりデータを収集し、診断を行なっている。また、イギリス国立衛生研究所は、患者のデータをハイテク企業に提供すると発表している[158]。

▼研究の分野では、たとえばカリコという企業がゲノム情報を解析して、老化の原因解

明に役立てようとしている。[159]

▼文化の分野では、グーグル・ブックスやアマゾンの出版界に占める割合が大きくなってきている。

▼環境の分野では、連携して環境を監視するサイトがある。

目くらまし

いたるところで新しい分野が生まれ、新しい場所が支配される。地域（région）の語源さながらに「支配（régir）された土地」が増えているのである。ハイテク分野の大企業は、新しい場所を支配するために互いに争い、その場所を分割していく。彼らの目的は、経済的成功だけではない。彼らは政治的意図も持っているのである。大企業は安定した状態にある国家、特にヨーロッパの国々に戦いを挑んでいる。その結果、国家はだんだんとその権限を失いつつある。それは、小説家のジョージ・オーウェルが『一九八四年』で描いた世界とはかけ離れたものだ。オーウェルの描いた世界では、国家が依然として独占的な権力を掌握していた。これまでも、国家に割り当てられてきた大権力について、共和主義者と自由主義者の間で長く論争が繰り広げられてきたが、今やその権力は巨大企業によって少しずつかすめ取られ、国家はやせ細ってしまっている。誰もこの流れを止めることができない。われわれは、こうして、政治の大転換を目の当たりにしているのだ。シンギュラリティという壮大な物語は、突拍子もない空想の裏に、これらの変化がもたらす危険性を隠している。恐れという感情は本来の危険を見えなくしてしまう。しかし、未来は必ずやってくる。歴史は過去をたどるよりも先に進みたがるものだ。この世界は変化している。そして人間はその変化を引き起こしている。世界の終わりの物語は、この変化に対するわれわれの注意を他所へそらそうとするものに他ならない。見た人を石に変えるギリシャ神話のゴルゴンのように、シンギュラリティはわれわれを石に変えてしまおうと目論んでいる。しかし、われわれは目をそらさずに、目の前で起こることをまっすぐ見据えなくてはならない。逃げ出さずに、現在起こっている問題を解決しなくてはならない。

もう一度、繰り返して言おう。シンギュラリティの提唱者が主張するような断絶が起こることを証明するものは何もない。おそらく、これからも進歩は加速し続け、その大きな渦でわれわれを飲み込もうとするだろう。しかし、その現実に目をふさいでしまうのではなく、行動することこそが求められている。さて、今、近代化の強制とその正当性について、改めて問題が投げかけられている。ルネサンスの時代から、技術者と科学者はずっと、近代化への夢を体現し続けてきた。その一方、芸術や哲学の分野では、近代化への理想は揺らいでいた。近代的であることを否定する立場が登場したり、近代性という問題について激しく論争が繰り広げられたりしたこともあった。ここで、一七世紀に起こった新旧論争(フランスで起こった新旧の価値観をめぐる対立)や、後の時代に登場したロマン主義による時代への批判が思い浮かべられるだろう。今から一世紀半ほど前、アルチュール・ランボーは『地獄の季節』の最後で、これまでの伝統、特に芸術的な伝統や宗教的な伝統と手を切るために近代的であるべきだと述べた。その後、二〇世紀が始まると、ランボーに呼応して、アポリネールのような詩人や、アドルノのような哲学者らが、たとえテクノロジーの近代化によって人間性が疎外されるとしても、近代的であらねばならないと主張した。

今日、奇妙なことに、これまで近代化を主たるベクトルとしていた科学技術が方向転換し、知識と行動に対する欲求を捨て、民間伝承の前に負けを認めようとしている。テクノロジーが、ルネサンス期に生まれた近代化の理想を手放そうとしているのだ。それでも、語源から考えるなら、完全に離れてしまったわけではない。近代化(modernité)の中の、流行(mode)という言葉が、時代の精神という意味でつながっているのである。シンギュラリティの信奉者はそういった意味で近代的だ。しかし彼らが「近代化を体現している」と言う時、ルネサンス期に始まる近代化という言葉には、仮像という変化が訪れている。上辺（うわべ）だけの華やかさや速さへの執念という外面的な特徴だけが保たれて、中身は決定的に変わろうとしているのだ。合理性は非合理性に変わる。飽くことのない探求心は過信のために消え去る。科学は影を潜め、神話や、高名な学者による曖昧な学説に取って代わられる。人間を最大限に賛美するヒューマニズムは、テクノロジーに支えられたポストヒューマニズムに座を譲る。疑いはシンギュラリティという名の民間療法薬に追い払われる。自由が消える。こうして未来が消え去るのだ。

もしもシンギュラリティの信奉者に、今よりもほんのわずかでもユーモアがあれば、そして、過信を少しでも捨てて誠実であろうとしてくれたら、きっと彼らは、エミール・シオランの格言を借りてこう言うだろう――「近代的であること、それは、直らないものを、無理やり直そうとすることだ[160]」。

解説
シンギュラリティ仮説の背後にうごめくもの

東京大学名誉教授（情報学）
西垣　通

二〇一〇年代後半に入って、ＡＩ（人工知能）ブームの過熱ぶりは凄まじい。とりわけ、その中核にあるシンギュラリティ（技術的特異点）仮説は、現代のグロテスクな神話と言ってもよいだろう。本書『虚妄のＡＩ神話――「シンギュラリティ」を葬り去る』（原題は *Le mythe de la Singularité*、二〇一七）は、シンギュラリティが実際に到来するかどうかを冷静に見極めるだけでなく、その背後にある文化的・宗教的なダイナミックスを、「仮像（かぞう）（pseudomorphose）」という概念にもとづいて容赦なくえぐり出してみせる。きびしい警告の書物である。

だが、著者は決してＡＩ技術自体を否定しているのではない。むしろ、本来のＡＩ技術が、シンギュラリティという怪しげな神話によって変質してしまうことを批判しているのだ（仮像とは、ものごとの外形が保たれたまま、中身が変化してしまうことを表す）。いかにもフランス知識人らしく、豊かな人文学的教養をバックボーンに、情報科学についての専門的知識も駆使して犀利な議論を展開していく。

少し補足しておこう。シンギュラリティ仮説とは、二〇四五年あたりにＡＩの能力が人間を凌ぎ、機械的支配が進んで世界のありさまが大きく変容してしまうという予測のことだ。「シンギュラリティ」という言葉は一九八〇年代に数学者ヴァーナー・ヴィンジが言い出したが、未来学者のレイ・カーツワイルが二〇〇〇年代半ばに楽観的予測をおこない、さらに二〇一〇年代に機械学習によるビッグデータ処理技術が顕著な進展を示すとともに、一挙に国内外で有名になってしまった。かみ砕いて言えば、人間のような意識をもち、汎用の機能をもつ「強いＡＩ」がおよそ三〇年後に出現するという話である。

この仮説について現在、主に三つの見方が存在する。第一は、ＡＩが人類に光明と幸福をもたらすという楽観論、第二は逆に災厄と不幸をもたらすという悲観論。両者はいずれも、シンギュラリティがかならず到来するという前提に立っている。次に、来るか来ないかよく分からないが、経済効果が見込めるし、マスコミ受けがして予算も取れるので騒いでおこうという中立論だ。第一と第二は欧米の専門家や知識人に多いが、日本では第三の見方をする人々が圧倒的である。だが率直に言って、第三の立場にちんまり安住する人は、知的誠実さを欠くと責められても仕方がないだろう。問題は、情報社会に生きるわれわれすべてに突きつけられているからだ。

そこで、本書をひもとく価値が出てくる。まず、著者はシンギュラリティ仮説が本当に到来するかを検討する。カーツワイルの予測は、技術が指数関数的に発展するという経験則（収穫加速の法則）にもとづいている。もっとも知られているのは、一年半ごとにコンピュータの半導体集積回路の密度が倍増していくというムーアの法則だが、それだけでなく、生命進化や文化発展などを含むより広範な分野で、指数関数的な成長が普遍的に出現する、という仮定がカーツワイルの議論を支えている。しかし著者は、この一般的な仮定が物理的限界を無視しており、科学的根拠を欠いたものだと手厳しく指摘する。ある仮説が説得性をもつには、いくつかの相異なる仮説と比較することが不可欠なのに、そういう手続きもまったく踏まれていない、というわけだ。結局、シンギュラリティ仮説は「ほとんどありそうにないこと」をのべており、「真面目に検討するに値しない」しろものなのだ、と著者ははっきり結論づけるのである。

さて、シンギュラリティ仮説に関するこういう批判は、それ自体、とくに目新しいものではない。カーツワイルの収穫加速の「法則（?）」など、とうてい科学的な精査に耐えるものではないからだ。日本人の常識からすれば、シンギュラリティが到来すれば、やがて人間は不死性を獲得し、コンピュータのなかで永遠に生き続ける、などというカーツワイルの言葉をまともに信じることは難しいだろう。本書の真骨頂は、分析を進めて、そういう神話の源泉である文化や宗教の領域を論じたところにある。そして、その分析を踏まえて、グローバルに展開する巨大なハイテクIT企業がなぜシンギュラリティ仮説を支持するのか、その理由と目的に迫ろうとしたところにある。

そもそも、人間の知とAIの機械的な知との境界線を問いかけるのは、ユダヤ=キリスト一神教における造物主の視座から見た議論である。人間も機械も、所詮は神が設計し創造したものであり、その点では変わりがない。カーツワイルのようなトランス・ヒューマニスト（超人間主義者）からすると、人間を越えていく普遍的な知というものも当然ありうるし、それが強いAIなのだということになる。だが、同時にそういうAIを人間がつくることは、フランケンシュタイン博士の所行と同様に、神を冒瀆する罪深い業だという怖れも現れる。だから西洋では、楽観論とともに悲観論が出現するのである。この点は、万物に霊魂を認めるアニミズムの伝統をもつわれわれ日本人には、なかなか分かりにくい。それで、可愛らしいロボットがほしいというユーザの願望と、人間に優しいロボットを作りたいという技術者の情熱とが組み合わさって、この国ではAI

ロボット・ブームが起きているのだ。しかし、ＡＩの深奥にあるのは一神教的な文化だということを忘れると、われわれはとめどなく迷走していくだろう。

こういった点を念頭におくと、西欧的知識人である著者の議論はきわめて興味深い。とりわけ刮目（かつもく）に値するのは、シンギュラリティ仮説とグノーシス主義との共通点を指摘していることだ。日本ではあまり知られていないが、グノーシス主義とは、古代から中世にかけ、中東をふくむ西洋世界で圧倒的な力をもった宗教思想である。一神教と関わりが深いが、正統キリスト教からすれば、最大の異端ということになるかもしれない。

「グノーシス」とは本来ギリシア語で「知」のことであり、都会の主知主義的な思想と言ってよいだろう。そこでは、神と人間とが対称的関係（神すなわち人間）にあり、この点で、神が圧倒的に上位で非対称的関係にあるユダヤ＝キリスト教とはまったく異なっている。古代グノーシス主義を統一したのがマニ教だが、これは光と闇の善悪二元論が特徴だ。グノーシス主義でめざされるのは個人の救済であり、造物主の支配する地上から光の世界に回帰することに他ならない。このために知（グノーシス）があるのだが、知は救済力と破壊力をそなえており、行き過ぎた愛知（ソフィア）は破壊（悪）をもたらすこともある。

このようなグノーシス主義は、大貫隆（おおぬきたかし）らによる精緻な研究はあるものの、われわれ日本人にはあまり馴染みがない。だが、西洋におけるグノーシス主義の隠然たる影響力は、近代の合理主義によってはじめて克服されたと言われる。著者は近代合理主義者として、シンギュラリティ仮説がこのグノーシス主義と共通点をもつという、印象的かつ挑戦的な議論を展開するのだ。その理由として、知識にもとづいて自然を変革し、肉体から精神を解放せよと説くこと、しかもその説得の際、実証的実験や数学的証明といった「論理（logos）」ではなく宇宙的な「物語（mythos）」を用いること、などをあげている。

人間の意識をコンピュータにアップロードして、電子技術と肉体が融合したハイブリッド生命を創造することが光明をもたらす、というシンギュラリティ仮説のストーリーは、確かにグノーシス主義の神話と一部重なっているると言えるかもしれない。

著者によれば、グノーシス主義がユダヤ＝キリスト一神教の仮像であるように、シンギュラリティ仮説の主張する強いAIは、本来のAIの仮像だということになる。表向き同じような外見をしていても、内容的にはまったく異なるもの、あえていえば異端だという主張なのである。

それにしても、いったいなぜ、グローバルなハイテクIT企業は、これほどにシンギュラリティ仮説にこだわるのだろうか。著者はそこに隠された意図や目的を読み解こうとする。ハイテクIT企業のリーダーたちは、必ずしもシンギュラリティの未来に楽観的な見通しを持っているわけではない。恐るべき悲劇の予感もある。それなのに、強いＡＩの研究開発を推進しようとしているのは彼らなのだ。この矛盾が示すものは何か。――シンギュラリティが到来すると、技術が自律的に進歩して人間を支配する。だがそれは歴史の必然で人間にはどうしようもない。――そう宣伝したいのだ、と著者は推察する。彼らリーダーたちは、たとえ何が起きようとも技術が自ら改善してくれると主張し、公共的倫理を唱えつつ実は「自らの責任を回避している」のではないのか。それだけではない。そういう偽りの善意の背後に、近代国家にかわってハイテクＩＴ企業が世界を支配し、新しい社会を創りあげるという政治的目的がひそんでいるのだと、断言するに至るのである。

以上のような著者の主張を、われわれはどう受け止めるべきだろうか。米国企業を中心としたグローバル資本主義の侵犯に対する、西欧の古典的知識人の抵抗だと見なすことはできるだろう。だが少なくとも、その警告に耳を傾けることには大きな意義がある。ＡＩと言えば、技術改良と経済効果の話題だけ、あとはせいぜい幼稚な夢物語というのが、情けないことにこの国の常識だ。本書がそんな常識に衝撃を与えることを切に願う。

文庫版追記

右は、二〇一七年五月、本書が単行本として刊行されたときに記した解説である。その後二年ほど経過して、インターネットやAIをめぐる状況は、ますます緊急度を増してきた。GAFAM（グーグル、アマゾン、フェイスブック、アップル、マイクロソフト）とよばれる米国の巨大IT企業は地球上のビッグデータを寡占し、その影響力は、歴史上これまでに無いほど高まっている。このことは何を意味するだろうか。

従来、個人を識別し、個人データ（氏名、住所、年齢、性別、国籍、職歴、学歴、資産、賞罰など）を収集管理するのはもっぱら国家や地方自治体の役目だった。そして政治主体と個人のあいだには緊張関係があり、プライバシー保護をはじめ自由や平等をめぐる議論が盛んに重ねられてきた。だが、今や巨大IT企業は、それらを簡単に飛び越え、猛烈なスピードで個人のデータを収集蓄積し、行動を細かく追跡し、コンピュータのアルゴリズムで分析して、広告宣伝をはじめビジネスに活用している。データの扱いやアルゴリズムの中身は、企業秘密ということもあり、個人には不透明でほとんど分からないのである。

個人の行動や嗜好が詳細分析されても、逮捕されるわけではないし、商品を紹介してくれれば便利ではないか、と考えることもできるかもしれない。とはいえ、個人がアクセスできる情報はいつのまにかフィルタリングされ、行動の選択肢は事実上限られたものとなっていく。つまり情報の囲い込みが起きるのだ。その延長上で、人々が分断され、排外意識が高まったり、フェイク（偽）ニュースで政治的に洗脳されたりする恐れが出てくる。最近ささやかれる偏狭なナショナリズムの勃興も、情報フィルタリングが一因だと言えるかもしれない。これを近代民主主義の危機と捉えることもできるだろう。

断っておくが、インターネットにはもともと、国境をこえるリベラルな言論空間をめざす理念があったのだし、巨大IT企業が悪意をもっているなどと単純に非難するつもりはない。むしろ問題は、技術の進歩展開が速すぎて、われわれの問題意識や社会制度が追いついていかない、という点にあるのだ。

近代民主主義の発生地ということもあり、フランスやドイツを中心としたEU諸国は、この点を何とかしたいという強い意欲をもっている。二〇一八年から施行されている「EU一般データ保護規則GDPR（General Data Protection Regulation）」はその危機意識と努力の表れと言えるだろう。欧州経済領域に属する諸国の個人データの収集管理を規制することで、個人が単なる「データ集合体」と見なされて海外企業に搾取されたり、基本的な自由を奪われたりする事態を予防しようというわけだ。

ところで、こういう事態は実は、AI技術の乱用と関係が深いのである。なぜなら、われわれが主体的に討論をおこなって社会的判断を下すかわりに、人間より有能で賢明なAIが判断してくれる、というのがAI信奉者の主張だからだ。このとき、AIのする仕事は、「データ集合体」であるわれわれ一般人には完全にブラックボックスで、批判できないものとなる。AIの背後から響いてくるのは、一部の支配層の高笑いではないのか。シンギュラリティ仮説はそういう恐るべき未来を、なぜか楽観的に予言しているのである。

二〇一八年に刊行した拙著『AI原論』（講談社選書メチエ）は、いったいなぜシンギュラリティ仮説のような思考が西洋で生まれるのか、その哲学的・宗教的な背景を論じたものだ。本書の主張と重なる点も多いので、あわせて読んでいただければ幸いである。ともかく、いま必要なことは、トランス・ヒューマニストの妄言に惑わされず、冷静にAI技術の実相を見抜き、これを人間のために真に活用する方途をさぐることではないだろうか。

二〇一九年五月

151. *Cf.* www.heise.de/downloads/18/1/8/7/6/2/5/4/Tribune chiffrementVDE. pdf.
152. 以下のページを参照。www.cypherpunks.to/. また、こちらの宣言文も参照。「サイファーノミコン」(www.cypherpunks.to/faq/cyphernomicon/cyphernomicon.html)
153. 以下の「クリプトアナーキー」の宣言を参照。www.activism.net/cypherpunk/crypto-anarchy.html.
154. b-money についてのウェイ・ダイの記述は以下に。 www.weidai.com/bmoney.txt.
155. Satoshi Nakamoto, « Bitcoin. A peer-to-peer electronic cash system », bitcoin.org/bitcoin.pdf, 2008.
156. フランス国民教育省ホームページを参照。「学校にデジタル技術を導入――国民教育省とマイクロソフトがパートナーシップを結ぶ」www.education.gouv.fr.
157.「相互運用性に関する一般ガイドライン」を参照。2015 年 12 月、2.0 版。references.modernisation.gouv.fr.
158. Hal Hodson, « Revealed : Google AI has access to huge haul of NHS patient data », *Technology News, New Scientist*, 29 avril 2016 ; www. newscientist.com.
159. California Life Company.
160. Émil Cioran, *Syllogismes de l'amertume*, Paris, Gallimard, « Folio », 1987.(『苦渋の三段論法』及川馥訳、国文社)

136. Giovanni Pico della Mirandola, *De la dignité de l'homme*, trad. du latin et préfacé par Yves Hersant, Éditions de l'Éclat, « Philosophie imaginaire », 1993（『人間の尊厳について』植田敏郎訳、創元社）; オンラインで閲覧可能。www.lyber-eclat.net/lyber/mirandola/pico.html.

137. Günther Anders, « Une interprétation de l'a posteriori », trad. fr. Emmanuel Levinas, in *Recherches philosophiques* [revue fondée par A. Koyré, H.-Ch. Puech et A. Spaier, chez Boivin & Cie, rue Palatine, Paris (VIe)], vol. 4, 1934, p. 65-80 ; www.lesamisdenemesis.com/?p=86.

138. 本書第 5 章を参照。

139. *Cf.* singularityu.org.

140. Max Tegmark, « Elon Musk donates $10M to keep AI beneficial », futureoflife.org, 12 octobre 2015.

141. この点については、未来生命研究所の 2015 年の活動報告を読むとわかる。futureoflife.org/wp-content/uploads/2016/02/FLI-2015-Annual-Report.pdf.

142. カリコ（Calico）は、カリフォルニア・ライフ・カンパニー（California Life Company）の略称。www.calicolabs.com.

143. Nicolas de Condorcet, *Esquisse d'un tableau historique des progrès de l'esprit humain, op. cit.*, p. 217.（前掲『人間精神進歩史』）

144. Luc Ferry, *La Révolution transhumaniste, op. cit.*

145. *Ibid.*

146. National Association of Securities Dealers Automated Quotations の略称。ハイテク関連企業の株式市場。

147. « Basically, our goal is to organize the world's information and to make it universally accessible and useful. »

148. Martin Untersinger, « Terrorisme : pour contourner le chiffrement des messages, Bernard Cazeneuve en appelle à l'Europe », lemonde.fr, 23 août 2016.

149. *Cf.* cnnumerique.fr/tribune-chiffrement/.

150. « En s'attaquant au chiffrement contre le terrorisme, on se trompe de cible », lemonde.fr, 22 août 2016.

negative factor in global risk », in *Global Catastrophic Risks*, Oxford University Press, 2011.

123. Mircea Eliade, *Le Mythe de l'éternel retour*, Paris, Gallimard, « Folio Essais », 2001.（『永遠回帰の神話——祖型と反復』堀一郎訳、未来社）

124. Friedrich Nietzsche, *Le Gai Savoir*, trad. Henri Albert, Paris, Société du Mercure de France, 1901, § 341, p. 295-296.（『喜ばしき知恵』村井則夫訳、河出文庫ほか）

125. Louis-Auguste Blanqui, *L'Éternité par les astres*, Paris, Librairie Germer Baillière, 1872（『天体による永遠』浜本正文訳、岩波文庫）；オンラインで閲覧可能。classiques.uqac.ca/classiques.

126. Nicolas de Condorcet, *Esquisse d'un tableau historique des progrès de l'esprit humain* [1793-1794], Vrin, « Bibliothèques des textes philosophiques », 1970, p. 218 de l'édition numérisée（『人間精神進歩史』渡辺誠訳、岩波文庫ほか）；オンラインで閲覧可能。classiques.uqac.ca/classiques.

127. René Thom, *Paraboles et catastrophes, op. cit.*

128. René Thom, *Modèles mathématiques de la morphogenèse, op. cit.*（前掲『構造安定性と形態形成』）

129. Jean-Pierre Dupuy, *Pour un catastrophisme éclairé*, Paris, Seuil, 2002.（『ありえないことが現実になるとき——賢明な破局論にむけて』桑田光平・本田貴久訳、筑摩書房）

130. Hannah Arendt, *The Human Condition*, University of Chicago Press, 1958.（『人間の条件』志水速雄訳、ちくま学芸文庫ほか）

131. David Sanford Horner, « Googling the future : The singularity of Ray Kurzweil », art. cit.

132. Amnon H. Eden, James H. Moor, Johnny H. Søraker et Eric Steinhart (eds), *Singularity Hypotheses…, op. cit.*

133. Jean-Michel Besnier, *Demain les posthumains*, Paris, Hachette Littérature, 2009.

134. Cory Doctorow et Charles Stross, *The Rapture of the Nerds : A Tale of the Singularity, Posthumanity, and Awkward Social Situations*, Titan Books, 2013.

135. Luc Ferry, *La Révolution transhumaniste*, Plon, 2016.

108. Reinhart Koselleck, *Le Futur passé…, op. cit.*

109. Cicéron, *De la divination – Du destin – Académiques*, trad. fr. Charles Appuhn, Paris, Garnier frères, « Classiques Garnier », livre 1, chapitre XVIII, 1937.

110. *Cf.* www.tylervigen.com/spurious-correlations.

111. Rick Weiss *et al.*, « Study debunks theory on teen sex, delinquency », *Washington Post*, 11 novembre 2007 ; washingtonpost.com.

112. George Rebane et Judea Pearl, « The recovery of causal polytrees from statistical data », *Proceedings, 3rd Workshop on Uncertainty in AI*, Seattle, 1987, p. 222-228. Peter Spirtes, Clark N. Glymour et Richard Scheines, *Causation, Prediction, and Search* (1re éd.), Springer-Verlag, 1993.

113. Cicéron, *De la divination, op. cit.*, chapitre XIV.

114. John Stuart Mill, *Système de logique déductive et inductive*, trad. fr. Louis Peisse, Paris, Librairie philosophique de Ladrange, Livre III, 1866 [1843], chapitre III, § 1.（前掲『論理学体系』）

115. Ariel Colonomos, *La Politique des oracles. Raconter le futur aujourd'hui*, Paris, Albin Michel, « Bibliothèque Idées », 2014.

116. *Ibid.*, p. 108-120.

117. *Ibid.*, p. 120-131.

118. このテーマに関して、以下の論文を参照。Theodore Modis, « The singularity myth », *Technological Forecasting & Social Change*, vol. 73, n° 2, 2006.

119. 本書第３章を参照。

120. David Sanford Horner, « Googling the future : The singularity of Ray Kurzweil », in T. W. Bynum *et al.* (eds), *Proceedings of the Tenth International Conference : Living, working and learning beyond technology – Ethicomp 2008*, Université de Pavie, 24-26 septembre 2008, Mantoue (Italie), Tipografia Commerciale, 2008, p. 398-407.

121. Jean-Gabriel Ganascia, « The plaited structure of time in information technology », *AISB Symposium on Computing and Philosophy*, Aberdeen (Écosse), avril 2008.

122. Eliezer Yudkowsky, « Artificial intelligence as a positive and

1951 [1924].

92. Henri-Charles Puech, *En quête de la gnose*, tome I : *La Gnose et le temps*, Paris, Gallimard, 1978.（「〈グノーシス〉を探し求めて」赤羽研三訳。『現代思想』青土社、1992 年 2 月号に所収）

93. Ray Kurzweil, *The Singularity is Near…, op. cit.*（前掲『ポスト・ヒューマン誕生』）

94. 本書第 3 章を参照。

95. Ray Kurzweil, *The Singularity is Near…, op. cit.*（前掲『ポスト・ヒューマン誕生』）

96. *Cf. Ibid.*, p. 20.「発展の基準となる段階（Canonical Milestones)」と題された図表の各段階を列挙したもの ; 原文は著者による私訳。

97. ここに挙げた著者の作品に関連する情報は本書第 2 章に記載されている。

98. Robert Geraci, *Apocalyptic AI. Visions of Heavens in Robotics, Artificial Intelligence, and Virtual Reality*, Oxford University Press, 2010.

99. *Cf.* neurofuture.eu.

100. Lee Gomes, « Facebook AI director Yann LeCun on his quest to unleash deep learning and make machines smarter », spectrum.ieee.org, 18 février 2015.

101. Bill Joy, « Why the future doesn't need us », art. cit.

102. Hans Moravec, *Mind Children : The Future of Robot and Human Intelligence, op. cit.*（前掲『電脳生物たち』）

103. Gottfried Wilhelm Leibniz, *Discours de métaphysique et correspondance avec Arnauld* [1686], Paris, Vrin, « Bibliothèque des textes philosophiques », 1993.（『形而上学叙説 ライプニッツ - アルノー往復書簡』橋本由美子監訳、秋保亘・大矢宗太朗訳、平凡社）

104. *Ibid.*, p. 48.

105. Jean-François Lyotard, *La Condition postmoderne. Rapport sur le savoir*, Paris, Éditions de Minuit, 1979.（『ポスト・モダンの条件——知・社会・言語ゲーム』小林康夫訳、水声社）

106. *Cf.* ec.europa.eu/digital-agenda/en/onlife-manifesto.

107. *Ibid.*, p. 3.

79. Vladimir Vapnik, *Statistical Learning Theory*, Wiley-Blackwell, 1998.
80. Leslie Valiant, «A theory of the learnable », *Communications of the ACM*, vol. 27, n° 11, novembre 1984, p. 1134-1142.
81. *Id., Probably Approximately Correct – Nature's Algorithm for Learning and Prospering in a Complex World*, Basic Books, 2014.
82. Oswald Spengler, *Le Déclin de l'Occident* (2 tomes 1918-1922), Paris, Gallimard, 2000 [1948].（『西洋の没落』第１巻・第２巻、村松正俊訳、五月書房）
83. John McCarthy, Marvin Minsky, Nathan Rochester et Claude Shannon, «A proposal for the Dartmouth summer research project on artificial intelligence, August 31, 1955 », art. cit.
84. 原文は著者による私訳。
85. Julien Offray de La Mettrie, *L'Homme machine*, 1747（『人間機械論』杉捷夫訳、岩波文庫）；オンラインで閲覧可能。fr.wikisource.org.
86. 以下を参照。Hubert Dreyfus, *Intelligence artificielle. Mythes et limites*, Flammarion, 1992 et *What Computers Still Can't Do : A Critique of Artificial Reason*, MIT Press, 1992.
87. John Searle, « Minds, brains and programs », *The Behavioral and Brain Sciences*, vol. 3, Cambridge University Press, 1980 ; tr. fr. « Esprits, cerveaux et programmes », in Douglas Hofstadter et Daniel Dennett, *Vues de l'Esprit*, Paris, Interéditions, 1987, p. 354-373.（「心・脳・プログラム」久慈要・守屋唱進訳。ダグラス・R・ホフスタッター&ダニエル・C・デネット編著『マインズ・アイ——コンピュータ時代の「心」と「私」』下巻、坂本百大監訳、雨宮民雄ほか訳、阪急コミュニケーションズに所収）
88. John Searle, *Du cerveau au savoir*, Paris, Hermann, 1985.
89. Hans Jonas, *La Religion gnostique. Le Message du Dieu étranger et les débuts du christianisme*, trad. L. Evrard, Paris, Flammarion, 1978 [1954].（『グノーシスの宗教——異邦の神の福音とキリスト教の端緒』秋山さと子・入江良平訳、人文書院）
90. Raymond Ruyer, *La Gnose de Princeton*, Paris, Fayard, 1974.
91. Hans Leisegang, *La Gnose*, Paris, Payot, « Petite bibliothèque »,

Paris, Seuil,« Points Sciences », 2001.（原タイトルは *Full House : The Spread of Excellence from Plato to Darwin.* 邦訳は『フルハウス 生命の全容――四割打者の絶滅と進化の逆説』渡辺政隆訳、ハヤカワ文庫）

67. John McCarthy, Marvin Minsky, Nathan Rochester et Claude Shannon, « A proposal for the Dartmouth summer research project on artificial intelligence, August 31, 1955 » ; オンラインで閲覧可能。www.aaai. org. 当時まだ20代のジョン・マッカーシーとマーヴィン・ミンスキーが起案、その後、高名なネイサン・ロチェスターとクロード・シャノンの支持を得ることで、彼らの呼びかけに対する信頼が高まった。
68. Stanislas Dehaene, *La Bosse des maths*, Odile Jacob, Paris, 1997.
69. *Id., Les Neurones de la lecture*, Odile Jacob, Paris, 2007.
70. Jacques Pitrat, *Artificial Beings. The Conscience of a Conscious Machine*, Wiley, 2009.
71. Saul Amarel, « On representation of problems of reasoning about actions », in D. Michie (ed.), *Machine Intelligence*, vol. 3, Edinburgh University Press, 1968, p. 131-171.
72. Herbert Gelernter, «A note on syntactic symmetry and the manipulation of formal systems by machine », *Information and Control*, vol. 2, 1959, p. 80-89.
73. Gottfried August Bürger, « Aventures du baron de Münchhausen dans la guerre contre les Turcs », in *Mésaventures du baron de Münchhausen*, 1786.（『ほらふき男爵の冒険』新井皓士訳、岩波文庫）
74. Alan Turing, « Intelligent Machinery – National Physical Laboratory Report » [1948], in B. Meltzer et D. Michie (eds), *Machine Intelligence*, vol. 5, Edinburgh University Press, 1969. *Id.*, « Computing machinery and intelligence », *Mind*, vol. 59, n° 236, 1950, p. 433-460.
75. 詳細は本書第5章中の「人工知能の歴史」に記述。
76. *Cf.* futureoflife.org/AI/open_letter.
77. *Cf.* futureoflife.org/AI/open_letter_autonomous_weapons.
78. ethicaa.org/.

55. *Ibid.*, p. 15-20 および p. 62-84.
56. Georges-Louis Buffon, « Essai d'arithmétique morale », in *Suppléments à l'histoire naturelle*, t. IV [1777], p. 46 -148. 以下で公開されている。*Corpus général des philosophes français. Auteurs modernes*, t. XLI, « Buffon », PUF, 1954.
57. John Stuart Mill, *System of Logic: Ratiocinative and Inductive*, Harper & Brothers Publishers, vol. 1, livre III « Of induction », 1882, chapitre III（『論理学体系』大関将一訳、春秋社）; 原文は著者による私訳。
58. Hans-Joachim Bremermann, « Optimization through evolution and recombination », in M. C. Yovitts *et al.* (eds), *Self-Organizing Systems*, Washington DC, Spartan Books, 1962, p. 93-106 ; holtz.org/Library/NaturalScience/Physics/.
59. Hans-Joachim Bremermann, « Quantum noise and information », in *5th Berkeley Symposium on Mathematical Statistics and Probability*, University of California Press, 1965 ; projecteuclid.org/euclid.bsmsp.
60. John von Neumann, *The Computer and the Brain*, Yale University Press, 1958.（『計算機と脳』柴田裕之訳、ちくま学芸文庫）
61. Tom Simonite, « Intel puts the brakes on Moore's law », *MIT Technology Review*, technologyreview.com, 23 mars 2016.
62. Thomas Kuhn, *La Structure des révolutions scientifiques* [1962], trad. Laure Meyer, Paris, Flammarion, « Champs sciences », 2008.（原タイトルは *The Structure of Scientific Revolutions.* 邦訳は『科学革命の構造』中山茂訳、みすず書房）
63. これについてはテオドール・モディスも参照のこと。« The singularity myth », *Technological Forecasting & Social Change*, vol. 73, n° 2, 2006.
64. Éric Buffetaut, *Sommes-nous tous voués à disparaître ?*, Le Cavalier bleu, 2012 ; Charles Frankel, *Extinctions. Du dinosaure à l'homme*, Paris, Seuil, « Science ouverte », 2016.
65. David M. Raup et J. John Sepkoski Jr., « Mass extinctions in the marine fossil record », *Science*, vol. 215, n° 4539, 1982, p. 1501-1503.
66. Stephen Jay Gould, *L'Éventail du vivant. Le mythe du progrès*,

2013.

40.「ヒューマニティ・プラス」は、トランスヒューマニズムを推進する団体の名称。

41. Nick Bostrom, «A history of transhumanist thought », in Michael Rectenwald et Lisa Carl (eds), *Academic Writing Across the Disciplines*, Pearson Longman, 2011.

42. Hervé Kempf, « 2000 débats pour le siècle à venir, Hugo de Garis, chercheur en intelligence artificielle », art. cit.

43. Bill Joy, « Why the future doesn't need us », art. cit.

44. *Time*, 21 février 2011. content.time.com を参照。

45. Lev Grossman, « 2045 : The year man becomes immortal », content.time.com.

46. 原文は著者による私訳。

47. *Cf.* 2045.com.

48. *Cf.* 2045.com/project/avatar.

49. Reinhart Koselleck, *Le Futur passé. Contribution à la sémantique des temps historiques*, trad. Jochen Hoock et Marie-Claire Hoock, Éditions de l'École des hautes études en sciences sociales, Paris, 1990.

50. Jürgen Schmidhuber, « Philosophers & futurists, catch up ! Response to the singularity », *Journal of Consciousness Studies*, vol. 19, n° 1-2, 2012, p. 173-182 ; 原文は著者による私訳。

51. René Thom, *Modèles mathématiques de la morphogenèse*, Paris, Union Générale d'Éditions, « 10-18 », 1974（『構造安定性と形態形成』彌永昌吉・宇敷重広訳、岩波書店）; *id.*, *Paraboles et catastrophes*, Paris, Flammarion, 1983.

52. Stephen Hawking et Roger Penrose, « The singularities of gravitational collapse and cosmology », *Proceedings of the Royal Society*, serie A, vol. 314, n° 1519, 1970, p. 529-548 ; rspa.royalsocietypublishing.org.

53.『百科全書』の「チェス」の項を参照。オンラインで閲覧可能。encyclopedie.uchicago.edu/content/browse.

54. Ray Kurzweil, *The Singularity is Near…*, *op. cit.*（前掲『ポスト・ヒューマン誕生』）

enhancement : Curiosity or game-changer ? », *Global Policy*, vol. 5, n° 1, 2014, p. 85-92 ; www.nickbostrom.com/papers/embryo.pdf.

29. Vernor Vinge, « The coming technological singularity », in G. A. Landis (ed.), *Vision-21 : Interdisciplinary Science and Engineering in the Era of Cyberspace*, NASA Publication CP-10129, p. 115-126, 1993 ; オンラインで閲覧可能。 www-rohan.sdsu.edu/faculty/vinge/misc/singularity.html.
30. Irvin John Good, « Speculations concerning the first ultraintelligent machine », *Advances in Computers*, vol. 6, 1965 ; www.acikistihbarat.com/dosyalar/artificial-intelligence-first-paper-on-intelligence-explosion-by-good-1964-acikistihbarat.pdf.
31. Isaac Asimov, « The last question », in R. W. Lowndes (ed.), *Science Fiction Quarterly*, vol. 4, n° 5, novembre 1956.（「最後の質問」風見潤訳。『停滞空間』伊藤典夫ほか訳、ハヤカワ文庫に所収）
32. M. Mitchell Waldrop, « The chips are down for Moore's law », nature.com.
33. Ray Kurzweil, *The Singularity is Near…, op. cit.*（前掲『ポスト・ヒューマン誕生』）
34. Hans Moravec, « When will computer hardware match the human brain ? », *Journal of Evolution and Technology*, vol. 1, 1998 ; jetpress.org.
35. Hugo de Garis, *The Artilect War : Cosmists vs. Terrans…, op. cit.* ; 以下を参照。Hervé Kempf, « 2000 débats pour le siècle à venir, Hugo de Garis, chercheur en intelligence artificielle », *Le Monde*, pages « Horizons-Débats », 9 novembre 1999.
36. Kevin Warwick, *March of the Machines : The Breakthrough in Artificial Intelligence*, University of Illinois Press, 2004.
37. Bill Joy, « Why the future doesn't need us », art. cit.
38. Nick Bostrom et Julian Savulescu (eds), *Human Enhancement*, Oxford, Oxford University Press, 2008.
39. Amnon H. Eden, James H. Moor, Johnny H. Søraker et Eric Steinhart (eds), *Singularity Hypotheses : A Scientific and Philosophical Assessment*, Springer, « The Frontiers Collection »,

16. Kevin Warwick, *I, Cyborg*, University of Illinois Press, 2004.
17. Steve Connor, « Professor has world's first silicon chip implant », independent.co.uk, 26 août 1998.
18. www.kevinwarwick.com.
19. Hugo de Garis, *The Artilect War* : *Cosmists vs. Terrans. A Bitter Controversy Concerning Whether Humanity Should Build Godlike Massively Intelligent Machines*, ETC Publications, 2005.
20. Bill Joy, « Why the future doesn't need us», wired.com, avril 2000；原文は著者による私訳。
21. 興味のある読者はユーチューブにあるCBS放送の番組アーカイヴで1965年の映像を見ることができる。« Ray Kurzweil on "I've Got a Secret"».
22. エンジニアにとって最も権威あるアメリカの賞。
23. カーツワイルの著作のうち、以下については仏語訳がある。*How to Create a Mind : The Secret of Human Thought Revealed*, Penguin Books, 2013 ; *The Age of Spiritual Machines : When Computers Exceed Human Intelligence*, Penguin Books, 2000（『スピリチュアル・マシーン――コンピュータに魂が宿るとき』田中三彦・田中茂彦訳、翔泳社）; *Transcend : Nine Steps to Living Well Forever*, Rodale Books, 2010 ; *The Singularity Is Near : When Humans Transcend Biology*, Penguin Books, 2006（『ポスト・ヒューマン誕生――コンピュータが人類の知性を超えるとき』井上健監訳、小野木明恵・野中香方子・福田実訳、NHK出版）; *Virtually Human : The Promise – and the Peril – of Digital Immortality*, St. Martin's Press, 2014 ; *Fantastic Voyage : Live Long Enough to Live Forever*, Plume, 2005.
24. Nick Bostrom, *Superintelligence : Paths, Dangers, Strategies*, Oxford University Press, 2014.（『スーパーインテリジェンス――超絶AIと人類の命運』倉骨彰訳、日本経済新聞出版社）
25. World Transhumanist Association, transhumanism.org/index.php/WTA/hvcs/.
26. humanityplus.org.
27. Laurent Alexandre, *La Mort de la mort*, J.-C. Lattès, 2011.
28. Carl Shulman et Nick Bostrom, «Embryo selection for cognitive

原　注

1. 特にスチュワート・ラッセルがピーター・ノーヴィグとともに書いた手引書は、人工知能分野の規範となった。*Artificial Intelligence : A Modern Approach*, Prentice Hall Series in Artificial Intelligence, 1995.
2. Rory Cellan-Jones, « Stephen Hawking warns artificial intelligence could end mankind », bbc.com, 2 décembre 2014 ; 原文は著者による私訳。
3. Eric Mack, « Why Elon Musk spent $10 million to keep artificial intelligence friendly », forbes.com, 15 janvier 2015.
4. Miriam Kramer, « Elon Musk : Artificial intelligence is humanity's "biggespt existential threat" », livescience.com, 27 octobre 2014.
5. Conférence « Reddit Ask Me Anything » : Eric Mack, « Bill Gates says you should worry about artificial intelligence », forbes.com, 28 janvier 2015.
6. futureoflife.org/misc/open_letter.
7. The Future of Life Institute, futureoflife.org.
8. Future of Humanity Institute – University of Oxford, www.fhi.ox.ac.uk.
9. Machine Intelligence Research Institute – MIRI, intelligence.org.
10. Center for the Study of Existential Risk, cser.org.
11. Singularity University, singularityu.org.
12. Institut for Ethics and Emerging Technologies, ieet.org.
13. Extropy Institut, www.extropy.org.
14. Hans Moravec, *Mind Children : The Future of Robot and Human Intelligence*, Harvard University Press, 1988 ; trad. fr. : *Une vie après la vie*, Odile Jacob, 1992.（『電脳生物たち——超 AI による文明の乗っ取り』野崎昭弘訳、岩波書店）
15. *Id.*, *Robot : Mere Machines to Transcendent Mind*, Oxford University Press, 1998.（『シェーキーの子どもたち——人間の知性を超えるロボット誕生はあるのか』夏目大訳、翔泳社）

◎訳者一覧

伊藤直子（1章および統括）
フランス語翻訳家。東洋大学文学部英米文学科卒。訳書にプレヴォー『時の書』、ジャック『スフィンクスの秘儀』（共訳）など。

小林重裕（7、8章）
フランス語翻訳家。國學院大學文学部哲学科卒。訳書にサルトゥー=ラジュ『借りの哲学』（共訳）。

伊禮規与美（3、6章）
フランス語翻訳家。東京外国語大学外国語学部イタリア語学科卒。訳書にグランジェ『死者の国』（共訳、早川書房刊）、ジャック『スフィンクスの秘儀』（共訳）。

郷 奈緒子（4章）
フランス語翻訳家。早稲田大学教育学部理学科卒。訳書にジャコメッティ他『ナチスの聖杯』（共訳）。

佐藤 剛（2章）
フランス語翻訳家。鎌ヶ谷市議会議員。早稲田大学大学院文学研究科博士後期課程中退。

中市和孝（5章）
フランス語翻訳家。パリ第八大学数学科卒。

翻訳コーディネート：高野 優

本書は、二〇一七年五月に早川書房より単行本『そろそろ、人工知能の真実を話そう』として刊行された作品を改題・文庫化したものです。

超予測力
―不確実な時代の先を読む10カ条

Superforecasting

フィリップ・E・テトロック&ダン・ガードナー
土方奈美訳

ハヤカワ文庫ＮＦ

政治、経済、国際情勢、ビジネスまで、鍵を握るのは予測力だ！　予測力研究を行なう研究チームが計２万人以上の予測精度を測定した結果、抜群の成績を誇る「超予測者」の存在が判明。彼らの思考法やスキルは何が違うのか。検証の末に導き出された、予測精度を高める「10の心得」とは。混迷を極める時代の必読書

HM=Hayakawa Mystery
SF=Science Fiction
JA=Japanese Author
NV=Novel
NF=Nonfiction
FT=Fantasy

虚妄(きょもう)のAI神話(しんわ)
「シンギュラリティ」を葬り去る

〈NF543〉

二〇一九年七月二十日 印刷
二〇一九年七月二十五日 発行
（定価はカバーに表示してあります）

著者 ジャン＝ガブリエル・ガナシア
訳者 伊藤直子(いとうなおこ)・他
発行者 早川浩
発行所 株式会社 早川書房
郵便番号 一〇一‐〇〇四六
東京都千代田区神田多町二ノ二
電話 〇三‐三二五二‐三一一一（大代表）
振替 〇〇一六〇‐三‐四七七九九
http://www.hayakawa-online.co.jp
乱丁・落丁本は小社制作部宛お送り下さい。
送料小社負担にてお取りかえいたします。

印刷・三松堂株式会社　製本・株式会社明光社
Printed and bound in Japan
ISBN978-4-15-050543-1 C0130

本書は活字が大きく読みやすい〈トールサイズ〉です。